公路工业化建造书系

桥梁预制混凝土结构回转式钢筋湿接缝技术研究与应用

RESEARCH AND APPLICATION OF LOOP STEEL WET JOINTS IN PREFABRICATED CONCRETE STRUCTURES OF BRIDGES

胡 可 石雪飞 孙海鹏 曹 皓 等/著

人民交通出版社

北 京

内 容 提 要

本书系统研究了桥梁预制混凝土结构回转式钢筋湿接缝的构造设计与受力性能，包括受力性能试验研究、疲劳性能试验研究、受力特性与承载机理理论分析、设计方法及应用技术。

本书读者对象主要为土木工程、桥梁工程及相关专业工程技术人员，也可供对此领域有兴趣的读者参考。同时，书中给出了理论推导、数值模拟和试验研究的相关内容，可供土木工程专业的学生和科研人员阅读。

图书在版编目(CIP)数据

桥梁预制混凝土结构回转式钢筋湿接缝技术研究与应用 / 胡可等著. — 北京：人民交通出版社股份有限公司，2024.7

ISBN 978-7-114-19413-9

Ⅰ.①桥… Ⅱ.①胡… Ⅲ.①预应力混凝土桥—混凝土结构—接缝构造—研究 Ⅳ.①U448.35

中国国家版本馆 CIP 数据核字(2024)第 033644 号

公路工业化建造书系

Qiaoliang Yuzhi Hunningtu Jiegou Huizhuanshi Gangjin Shijiefeng Jishu Yanjiu yu Yingyong

书　　名：	桥梁预制混凝土结构回转式钢筋湿接缝技术研究与应用
著 作 者：	胡　可　石雪飞　孙海鹏　曹　皓　等
责任编辑：	李　娜
责任校对：	赵媛媛　龙　雪
责任印制：	刘高彤
出版发行：	人民交通出版社
地　　址：	(100011)北京市朝阳区安定门外外馆斜街 3 号
网　　址：	http://www.ccpcl.com.cn
销售电话：	(010)59757973
总 经 销：	人民交通出版社发行部
经　　销：	各地新华书店
印　　刷：	北京市密东印刷有限公司
开　　本：	787 × 1092　1/16
印　　张：	11.25
字　　数：	276 千
版　　次：	2024 年 7 月　第 1 版
印　　次：	2024 年 7 月　第 1 次印刷
书　　号：	ISBN 978-7-114-19413-9
定　　价：	88.00 元

(有印刷、装订质量问题的图书，由本社负责调换)

《桥梁预制混凝土结构回转式钢筋湿接缝技术研究与应用》编委会

主 编：胡 可

副主编：石雪飞 孙海鹏 曹 皓

编 委：曹光伦 郑建中 刘志权 段海澎
　　　　陈发根 吴建民 于春江 宋 军
　　　　邓陈记 雷 进 李润清 毛洪强
　　　　钟雨卓 李小祥 宋 军 梁长海
　　　　杨大海 朱 俊 方 圆 包叶波

序

工业化建造是以现代化的制造、运输、安装和科学管理的建造方式，替代传统粗放式、高消耗、低效率的建造方式。目前，我国的公路建设正处于由传统产业向现代工业化转型升级的重要阶段。在国家工业化发展政策的引导下，探索公路工业化建造新技术、新模式，是行业发展的趋势，也是社会发展的需要。

在不断探索、持续开拓公路工业化建造新模式的过程中，安徽省创新先行，成功研发、设计和应用了多种具有明显创新和突破的系列标准化技术和装备。装配式全体外预应力箱梁、装配式钢板组合梁、装配式钢管桁架梁、装配化桩板式无土路基、装配式钢筋混凝土通道、装配式夹持型鞍座—自防护拉索系统等在经历了多年磨砺后，如雨后春笋般涌现。这些技术以其在结构构造创新、设计方法改进、施工工艺革新等多个层面上取得的突破，实现了集约、高效、安全、环保、经济的建设目标，综合效益显著，引领了当下绿色公路发展的新变革、新方向。

安徽省交通控股集团有限公司作为安徽省国有重点骨干企业，高度重视科技创新，始终坚持产、学、研紧密结合，不断推进科技创新与产业转型升级。经过多年实践，安徽省交通控股集团有限公司逐步形成了以节约资源、降低造价、升级质量、提高功效、建设绿色低碳公路为目标，以标准化、系统化、工程化、信息化为核心的公路工业化建造理念，并形成一批具有优良示范效应的公路工业化建造成果。

为更好地展示创新技术成果，促进行业技术交流，推动成果推广应用，安徽省交通控股集团有限公司组织编写了"公路工业化建造书系"。这套专著的出版，也将为进一步探讨以绿色为主题的公路工业化建造技术的发展提供重要参考。

2017 年 8 月

于安徽合肥

前言

随着我国桥梁建设事业的飞速发展，桥梁工业化建造理念在桥梁建设中得到探索和实践。预制装配是工业化建造的重要环节，其建造工艺采用工厂预制、现场拼装的施工方法，可以有效提高工程质量，减少现场工作量，降低能耗，在桥梁建设中逐渐得到推广应用。

回转式钢筋接缝是一种适宜桥梁工业化建造的预制梁板湿接缝连接方式，这种连接方式通过两侧回转式钢筋交替安放形成回转式钢筋结构。接缝两侧的回转钢筋通过重叠区域内的混凝土实现锚固，达到接缝两侧钢筋的有效连接。回转式钢筋接缝相较于目前常用的钢筋焊接接缝，施工方便，更适合工业化建造，可用于钢混组合桥、预制T梁及小箱梁桥中，可以明显缩短工期，同时提高施工质量，经济效益明显。但目前回转式钢筋接缝的构造参数、传力机理、设计要求及计算方法尚不明确，目前各国规范尚无针对该形式的相关规定，缺乏必要的理论方法进行设计指导。

本书对桥梁预制混凝土结构回转式钢筋湿接缝的技术研发与实践进行了系统总结，共分5章内容，分别介绍了桥梁工业化建造的发展趋势与现状、预制混凝土结构接缝技术发展现状、回转式钢筋湿接缝结构开发、回转式钢筋接缝受力性能试验研究、回转式钢筋接缝抗疲劳性能试验研究、回转式钢筋接缝受力特性与承载能力机理研究、回转式钢筋接缝设计方法及应用技术。

本书系统总结了相关研究成果及工程应用计算，供读者参考借鉴使用。编著过程中，难免存在偏颇和不足，恳请读者批评指正！

2023年12月于安徽合肥

目录

第1章 绪论 ·· 1
  1.1 桥梁工业化建造的发展趋势与现状 ··· 1
  1.2 预制混凝土结构接缝技术发展现状 ··· 7
  1.3 回转式钢筋湿接缝结构开发 ··· 11

第2章 回转式钢筋接缝受力性能试验研究 ··· 19
  2.1 试验研究概述 ·· 19
  2.2 抗拉试验研究 ·· 20
  2.3 抗弯试验研究 ·· 36
  2.4 抗弯剪试验研究 ··· 47
  2.5 本章小结 ·· 74

第3章 回转式钢筋接缝抗疲劳性能试验研究 ······································ 75
  3.1 试验研究概述 ·· 75
  3.2 试验方案设计与参数选择 ·· 75
  3.3 试验结果与分析 ··· 80
  3.4 本章小结 ·· 118

第4章 回转式钢筋接缝受力特性与承载能力机理研究 ······················· 120
  4.1 研究概述 ·· 120
  4.2 有限元分析方法 ··· 127
  4.3 轴拉受力特性与承载机理研究 ·· 134
  4.4 抗弯受力特性与承载机理研究 ·· 137
  4.5 抗弯剪受力特性与承载机理研究 ··· 138
  4.6 本章小结 ·· 144

第5章 回转式钢筋接缝设计方法及应用技术 ····································· 145
  5.1 研究概述 ·· 145

5.2 基本模型及假定 ……………………………………………………… 146
5.3 回转式钢筋接缝承载能力计算方法 …………………………………… 149
5.4 回转式钢筋接缝设计一般规定 ………………………………………… 155
5.5 回转式钢筋接缝应用设计计算实例 …………………………………… 160
5.6 本章小结 ………………………………………………………………… 167

参考文献 ………………………………………………………………………… 169

第 1 章
CHAPTER 1

绪论

1.1 桥梁工业化建造的发展趋势与现状

1.1.1 桥梁工业化建造的发展趋势

在过去几十年的发展中,我国桥梁建设高速推进,"标准化设计、工厂化生产、装配化施工、信息化管理、智能化应用"的工业化技术全产业链已经成为桥梁工程中新的发展趋势和方向。桥梁工业化建造中的一个重要部分就是预制装配,其通过将预制构件进行现场拼装的方式,保证工程质量,提高施工效率,减少现场工作量,并且对周围环境影响较小。桥梁工业化智能建造是行业的发展趋势,也是发展目标,能够推进交通基建的工业化。

桥梁建造发展历程大致分为三个阶段[1-2]:一是人力手工建造,即自人类能够简单建造桥梁一直到工业革命前;二是机械工业建造,即工业 1.0(机械制造时代)与工业 2.0(电气化与自动化时代),自工业革命中蒸汽、电力等推动社会的方式出现后,桥梁建造效率大大提高;三是工业化智能建造,工业化智能建造尚处于工业 3.0(电子信息化时代)、工业 4.0(实体物理世界与虚拟网络世界融合的时代)。目前桥梁建造发展正处于第三个阶段。

桥梁工业化建造融合大数据、BIM 等新技术,可以有效去除人为因素,以商品的形式实现交通建造,并实现数字化交付和运营。桥梁工业化智能建造可定义为运用新技术、新材料、新工艺、新设备,各技术相互协调,使得结构在全寿命周期内(规划、勘察、设计、生产、运输、安装、运维、拆除)具备自动化、可视化、数字化、信息化、无人(少人)化及商品化等建造特征,在体现高效、环保及经济等建造要素的前提下,实现大规模传统建造向大产量模数建造及个性建造转变[3]。

桥梁工业化智能建造是一种新型的建造模式,但限于技术发展、技术匹配、人的认知以及政策等因素,现阶段的工业化智能建造停留在对传统现浇模式的升级阶段,即一定范围内实施模数建造(包含装配化),并部分体现技术协同和对人的解放。智能建造生产和施工一体化将是未来的主流发展趋势。传统生产和施工场景中,往往是工厂生产,将产成品运往施工现场进行安装,而智能化的数字化系统可以将生产和施工整体化,通过 VR 技术实现线上线下的协作,切实提高生产和施工效率。工业化智能建造与传统建造方式的区别如图 1-1 所示。

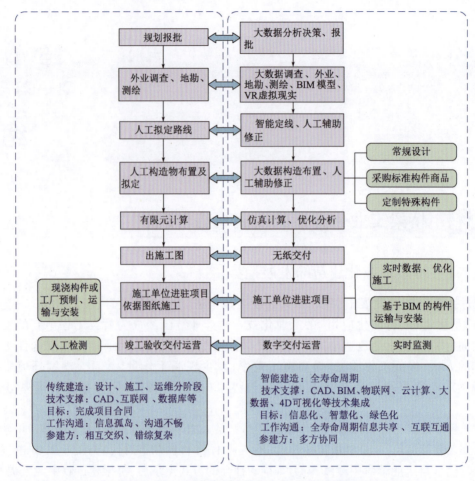

图 1-1 工业化智能建造与传统建造方式的区别

尽管我国桥梁的工业化建造起步较晚,但通过不断应用新技术,已取得了跨越式的发展[3]:

(1)标准化设计:桥梁工程的发展一定程度上依靠勘察设计技术的进步。随着 BIM(建筑信息模型)技术、VR(虚拟现实)技术、无人机勘测技术等一系列技术的快速发展,在设计以及勘察方面有了更多新应用。桥梁设计理论逐步完善,设计理念由基于容许应力的设计方法转变为基于性能的设计方法;决策方式由基于经验的判断方式转变为数据分析和经验相结合的判断方式;设计概念由可靠性设计转变为全寿命周期设计。

(2)工厂化生产:当前的构件预制技术已经相当成熟,但仍在不断探索新技术、新材料、新工艺以及新设备的研究与应用。构件预制由游牧式场地向固定化工厂转变,固定式工厂具备完整的数字化流水线设计,实现了设备之间的多机联动,通过数字技术对生产信息进行获取、处理和交流,可以大幅提高产能和生产效率。

(3)机械化装配:传统建造方法以现场作业为主,需要依靠大量人力、物力作业,施工成本高,工期长,质量安全不易控制。随着自动化、智能化工程机械装备的不断升级和推陈出新,桥梁构件的装配施工得到了更好的技术支撑。

(4)信息化管控:基于 BIM、VR、物联网、云计算、大数据、3D 摄影测量、传感器、人工智能等技术的发展与应用,能够实现设备互联、信息智能化、自动预警和运营管理等功能,从而使桥梁建设变得更加智能化、可控性更强。

在实现快速建造、绿色建造、品质建造、智能建造等目标的同时,其发展趋势呈以下特点[4]:

(1)全预制装配。桥梁构件在桥梁上部结构方面实施较多且发展较快,而下部结构、基础及附属结构进展迟缓,随着技术的发展必将实现全预制装配。

(2)结构及连接技术不断丰富。结构的轻型化、高耐久、最大模数化以及连接技术日趋多样化,不断拓宽桥梁工业化智能建造的适用范围。

(3)智能建造。新材料(高强、高耐久、记忆类、自愈合、可回收利用)、新技术(主要为信息技术)、新设备(自动化设备、感知原件、模板设备、运输及吊装设备等)及新工艺(预制及安装)的有效发展和融入工业化建造,将有助于快速提升工业化建造的智能化水平。

(4)技术产品化。传统结构从设计到建成都是定向设计,未来的发展趋势将是整个结构离散模数化,每一个构件都是产品,从设计开始都是对产品的选择。

1.1.2 桥梁工业化建造的现状

桥梁工业化的探索始于 20 世纪 40 年代,预应力混凝土创始人之一的 Eugene Freyssinet 提出了预应力混凝土桥梁节段短线匹配预制技术[5],随后 Jean Muller 等人不断完善,最终成功于 1952 年在美国纽约州东巴佛罗地区的一座小型桥梁上实现了这项技术。此后,该项技术在美国与法国的公路桥梁建设中得到了大范围的应用,还出现了拱桥与斜拉桥的应用案例。1989 年,美国节段桥梁协会(American Segmental Bridge Institute, ASBI)成立,并协助美国各州公路与运输工作者协会(AASHTO)编制了世界上第一部节段预制桥梁设计规范,从而使桥梁工业化建造技术得到了极大的发展。

20 世纪 80 年代后,桥梁工业化发展的重点内容开始转变为桥梁构件的工厂化预制生产。预制构件在预制工厂生产,按上、下部结构将其分成预制桥面板、主梁、盖梁、桥墩、基础、附属设施等,通过连接构造或连接件进行拼装,如图 1-2 所示。

a)预制桥面板施工

b)主梁架设

图 1-2

c) 装配式盖梁施工

d) 墩柱安装

e) 装配式管桩基础

f) 装配式桩板路基

图 1-2 预制构件安装施工

桥梁构件的工厂化预制生产是将原来需要在现场浇筑的构件划分成多个节段,在工厂内进行加工,然后运输到现场进行拼装。构件的工厂化预制生产避免了施工现场复杂的环境,使得构件的精度与质量明显提高,同时也极大提高了桥梁现场施工的效率。例如全长12.9km的加拿大联邦大桥(Confederation Bridge),是目前世界上最长的穿越冰层覆盖水域的桥梁,建造时创造了多项世界纪录,通过采用超大预制块技术,仅用40个月便建造完成,被誉为全球巅峰工程。

在我国,1956年,丰台桥梁厂开发了生产大跨度预应力混凝土铁路预制梁的成套生产设备,并建立了相应的生产工艺,标志着我国桥梁工业化建造雏形的诞生。我国铁路桥梁的工业化建造先于公路桥梁,目前已经形成了较完善的标准化体系,包括标准化设计、生产与安装等,解决了中等跨径铁路桥梁的工业化建造问题。近年来,装配式公路桥梁也迎来了蓬勃发展,先后形成了装配式钢筋混凝土板梁、小箱梁、T梁等结构形式,并相继颁布了交通运输部标准图,基本覆盖了40m以下跨径桥梁的上部结构的装配化建造。此外,钢板组合梁、钢箱组合梁、波形钢组合梁等装配式或半装配式组合梁结构,以及钢箱梁和钢桁梁等钢结构桥梁形式也都有所应用。现有桥梁构件仍以混凝土构件、钢构件、钢混构件为主。混凝土构件的加工一定程度实现了机械化和自动化,如钢筋成型、钢筋绑扎、混凝土拌和等,但是在模板加工、局部复杂构件加工方面仍以绝对的人工为主。钢构件大多是工厂制作,但标准化和流水线制作程度并不高。

近几十年里,在我国一些省、市的公路桥梁与市政桥梁建设中,工业化建造技术得到了更为广泛的应用。如苏通长江公路大桥北引桥和中引桥的 75m 跨径连续梁上部结构采用了预应力混凝土预制节段单箱单室结构形式[6]，预制节段共计 14 种类型，数量共计 1032 榀，是短线节段匹配预制法在我国的首次应用。

芜湖长江公路二桥引桥及接线工程为我国首次采用全体外预应力轻型薄壁节段箱梁，节段箱梁均采用标准化生产流程进行厂内生产[7]，如图 1-3 所示。节段箱梁的所有钢筋加工均采用自动化和半自动化设备，如 G2W50 数控双向移动斜面式棒材弯曲中心、高效数控弯箍机 WG-12E 等，且钢筋笼吊装、节段梁吊装都采用 16t、100t 的龙门吊。

图 1-3　芜湖长江公路二桥引桥与接线工程节段梁架设

浙江省乐清湾跨海大桥及接线工程上部结构为预应力混凝土预制拼装连续箱梁，主梁主体采用节段短线匹配法预制施工[8]，如图 1-4 所示。该工程在节段梁预制过程中，提出了"匠心'智'造"的概念，通过"人员管控标准化、BIM 管理智慧化、测量控制精准化、预制台座高精化、钢筋加工超市化"，打造"智慧型工厂"。

图 1-4　乐清湾跨海大桥及接线工程节段梁架设

虎门二桥设计全长 12.891km，是目前世界上跨径最长的钢箱梁悬索桥。其中全线 3533 榀混凝土节段箱梁的预制拼装，建设单位采用短线匹配法工艺与智能化管控，采用架桥机如同搭建积木般高效、精准地完成全桥节段箱梁的装配化预制拼装施工，如图 1-5 所示。为满足预制构件拼装过程高效、及时反馈的要求，研发了"短线法节段梁施工控制视窗系统 3.0"，基于大数据分析、互联网云端计算等技术，实现预制施工全过程控制[9]。

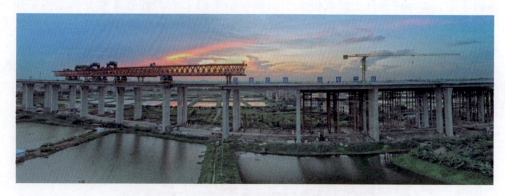

图 1-5　虎门二桥节段梁架设

上海市在公路桥梁、城市高架桥梁与轨道交通桥梁的工业化建造方面积累了丰富的经验，尤其是在钢筋数字化加工、模板拼装和混凝土浇筑等成套技术的引进与开发，以及大型构件的运输、吊装设备研发等方面取得了长足的进步。2016 年，上海市交通委员会制定发布了《上海市交通建设装配式技术应用推广方案(2016 年—2018 年)》，将上海市交通建设装配式技术的发展划分为示范启动阶段(2016 年)、拓展应用阶段(2017 年)与全面推广阶段(2018 年)三个阶段，为桥梁工业化建造技术在上海的发展提供了有力保障。为响应上海市推进装配式建筑政策号召，中国铁建大桥工程局集团有限公司还在金山区打造了智能化、集约化、工厂化的综合预制构件厂，引进了意大利智能数控钢筋加工设备，较传统工艺可节约人工约 30%、节约工时约 15%；箱梁外模采用整体吊装式，模板用钢量较传统工艺节省约 19%，新型上浮措施较传统工艺提升工效 80%，节约用工 60%；箱梁防撞墙在预制场进行"全预制"，即不同梁型防撞墙一次预制成型，取消架设后二次浇筑带来的高空作业风险，特别对上跨既有线路、重点区域等高风险作业区域消除了后续施工的安全隐患。目前，上海市在 S26 公路、虹梅南路高架、嘉闵高架(图 1-6)、S3 公路、沿江通道、龙东大道高架等项目中均采用了预制拼装建造技术，充分体现了"安全、绿色、快速、高效"的理念。

2018 年，浙江省绍兴市越东路及南延段智慧快速路工程开始施工，工程北起杭甬高速绍兴收费站，南至二环南路以北，全长 17.54km，是浙江省全预制拼装技术的首次实践，如图 1-7 所示。

图 1-6　上海嘉闵高架工程装配式桥梁施工

图 1-7　浙江省越东路及南延段智慧快速路工程首根预制立柱吊装

在桥梁工业化智能建设中,预制装配技术得到了越来越广泛的推广和应用。对于桥梁工业化智能建造技术,上部结构发展相对较早,目前主要发展方向在结构的轻型化、高耐久、最大模数化及新结构的研究方面。装配式下部结构建造技术发展较上部结构晚,主要发展方向在连接技术研究方面,且主要用于地形复杂、施工困难的高墩桥梁建造。

在国外对桥梁快速施工的研究内容中,约 80% 的研究是关于预制构件组装和连接,约 15% 的研究是关于桥梁上部结构的形式和材料,约 5% 的研究是关于桥梁下部结构[10]。

欧美国家早在 20 世纪 80 年代就开始了对装配式下部结构的应用与探索,而我国对桥梁下部结构拼装技术的研究与应用起步较晚,应用实例也较少。竣工于 1993 年 12 月的友谊大桥,是我国第一次采用预制承台和预制桥墩,预制的承台采用空腔挂箱形式,通过现场浇筑混凝土,使预制的承台与桩基连为一体。

2000 年正式通车的上海长江大桥,墩柱基本形式采用 C40 高性能混凝土空心薄壁墩,截面单箱单室,外形为矩形,四角设圆弧;采用立式预制法墩柱预制,根据施工能力,将墩柱分成 1~4 节,共 216 节段,单节段最大高度为 13.7m,以 400t 为控制条件,预制节段之间以现浇混凝土连接[11]。

图 1-8　东海大桥桥墩吊装

2006 年建成的东海大桥,墩身及箱梁采取陆上预制、海上安装施工方案[12-13];桥墩采用钢筋混凝土空心薄壁墩,低墩采取在预制场制作、海上整体吊装,中高墩采用海上拼装技术;高墩最大预制高度 25.494m,重达 700t,如图 1-8 所示。

2008 年建成的杭州湾大桥,共有 474 个预制墩身,墩身为矩形空心薄壁墩,最大高度 17.383m,重 440t。自 2004 年 8 月份开工到 2006 年中结束,平均每个月完成 20 多个墩身的预制工作。墩身内模的平均支模时间为 3h,拆模时间大约 4h,相对于东海大桥的模板工艺,杭州湾大桥的施工效率提高了 4 倍以上[14]。

总体来看,随着我国桥梁工程建设的迅速发展,我国已逐步积累了一定的工业化建造经验和相应的技术成果。实践表明,桥梁的工业化建造是我国桥梁工程发展的必然趋势之一。然而,工业化建造在我国高速公路工程中的发展应用仍较为有限,工业化建造程度不高。

另外,由于现有装配式结构受到材料、技术等其他因素的制约,桥梁结构工业化是在传统现浇结构基础上进行优化改变的一种人为分割和连接。目前的装配式结构建造技术研究主要集中在连接设计技术、细部设计技术和预制安装技术,以及拼接面的位置和力学性能,鲜少有人做深入的研究和分析,大多只进行物理上的连接加强。

1.2　预制混凝土结构接缝技术发展现状

1.2.1　预制构件接缝形式

预制结构的优点是实现了高质量和高效率的生产,但预制节段之间的连接和预制桥面板接缝的设计与构造标准也是至关重要的,它们决定了结构的整体强度和稳定性,是预制结构建造中的关键环节。预制桥面板常采用普通钢筋混凝土湿接缝进行连接,这种连接形式是将相邻的预制桥面板通过钢筋伸出连接到湿接缝处的一种常见方式,常用于预制T梁桥、小箱梁桥以及钢—混组合桥。根据钢筋混凝土预制桥面板之间的连接方向,可以将回转式钢筋湿接缝分为纵向湿接缝和横向湿接缝。纵向湿接缝的方向与行车方向平行,而横向湿接缝的方向垂直于行车方向,不同方向的接缝受力类型也有所不同[15],如图1-9所示。

a)横向湿接缝

b)纵向湿接缝

图1-9 湿接缝按方向划分

接缝内部的钢筋形式决定着接缝的性能,是非常关键的影响因素。我国《公路钢筋混凝土及预应力混凝土桥涵设计规范》(JTG 3362—2018)(以下简称《公预规》)[16]规定的湿接缝钢筋连接形式包括搭接连接、焊接连接以及机械连接,如图1-10所示。搭接连接利用钢筋和混凝土的黏结力进行锚固,一般所需搭接长度较长。焊接连接是通过将受力钢筋通过焊接连接成一个整体来传递力的一种方式,相对于其他连接方式,这种方式的接缝宽度较小,但焊接的钢筋数量较多,因此需要增加现场的焊接工作量。机械连接是一种通过挤压连接或螺纹连接等方式实现的受力钢筋连接方式,具有较高的连接强度和较小的人为影响。然而,机械连接对于施工精度要求较高,过小的允许误差会加大施工难度。为了减少或避免施工现场的焊接工作,提高工程的装配化程度,加快现场施工速度,推动桥梁工业化建造的发展,可以在相邻预制桥面板之间采用回转式钢筋进行搭接连接,如图1-10c)所示。

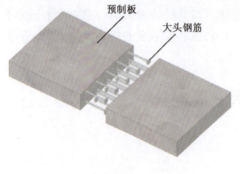

a)大头钢筋连接

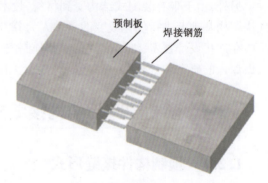

b)焊接钢筋连接

图1-10

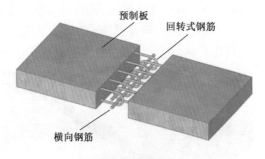

c)回转式钢筋连接

图 1-10 湿接缝主要连接方式

1.2.2 预制构件湿接缝钢筋连接技术现状

湿接缝的钢筋连接形式是影响其受力性能、尺寸和施工便利性的主要因素,对于接缝钢筋的连接类型,国内外已有大量的研究成果和成功的工程实践,目前常用的钢筋连接形式有如下几种类型。

1)传统钢筋连接形式

《公预规》[16]对钢筋搭接连接、焊接连接和机械连接三种连接形式的构造要求进行了规定。

(1)搭接连接

搭接连接是利用钢筋与混凝土的黏结力实现锚固,由于相邻钢筋之间间距很小,削弱了黏结力,因此搭接长度一般较大,增加了现场工作量。绑扎连接施工简便,但使用位置受限,《公预规》[16]规定轴心受拉和小偏心受拉构件不应采用绑扎接头。当钢筋较粗时,混凝土的裂缝较宽,而且搭接连接方式用钢量大,增加工程造价,且当钢筋密集时,混凝土振捣困难,钢筋搭接长度一般较大。对于常用的直径 25mm 以下 HRB400 钢筋,C40 混凝土,规范要求绑扎搭接长度为 45 倍钢筋直径,导致湿接缝宽度过大,增加了现场工作量且现浇缝尺寸变大,混凝土的收缩徐变对结构的不利影响将增加,因此这种连接形式在预制桥面板接缝中应用较少。

(2)焊接连接

焊接是受力钢筋之间通过焊接连接为一体直接传力的一种方式,是预制桥面板接缝常用的连接形式,如图 1-11 所示。《公预规》[16]推荐使用闪光对焊的焊接方式,但这种方式允许施工误差小,且施焊困难。现场常用电弧焊,规范规定了采用电弧焊接的焊缝长度,单面焊缝不应小于钢筋直径的 10 倍,双面焊缝不应小于钢筋直径的 5 倍,虽然这种连接方式接缝宽度较小,但钢筋焊接的数量庞大,导致工地焊接的工作量增加,而且对于厚度较小的桥面板结构,下层的钢筋焊接不便,施工质量不易保证;另外由于存在施工误差,现场常需对钢筋位置进行临时调整,增加了施工难度和工作量。

(3)机械连接

传统机械连接的主要方式有挤压连接、螺纹连接(图 1-12)等形式。其优点是机械连接强度高,接头质量受人为影响小等。其缺点是对构件和钢筋的施工精度要求高,过小的允许误差极大地增加了施工难度,同时机械连接施工操作要求较高,将增加施工难度和工期;桥面板厚度及钢筋间距一般较小,机械连接一般尺寸比较大,接头处的混凝土保护层厚度及钢筋间的净距变小,会影响构件的耐久性和受力性能,甚至可能难以满足构造要求;连接件价格比较昂贵,接缝较多时将会降低工程经济性。因此,其在预制桥面板接缝中应用很少。

图 1-11　钢筋焊接连接

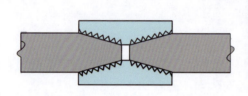 

图 1-12　钢筋螺纹连接

2)新型钢筋连接形式

近年来随着预制装配式结构的深入发展,国内外提出了很多应用于预制装配式结构接缝的钢筋连接新技术,包括套筒灌浆连接、锚固板钢筋连接、回转式钢筋连接等。

(1)套筒灌浆连接

钢筋套筒灌浆连接技术的原理是将钢筋从两端插入套筒内部,在钢筋与套筒之间灌注砂浆,借助砂浆加强套筒对钢筋的围束作用,从而实现钢筋的锚固,如图1-13所示。目前套筒灌浆连接在预制装配式结构钢筋连接中被广泛应用,但这种构造仍存在允许误差小、施工困难的问题,且接头尺寸较大,对于板厚及钢筋间距较小的桥面板,常难以满足构造要求,同时接头造价较高,因此在桥面板结构中较少采用。

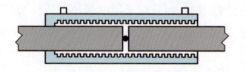 

图 1-13　套筒灌浆连接构造

(2)锚固板钢筋连接

连接钢筋的端头焊接上锚固板,相邻预制桥面板之间的钢筋连接方式采用搭接形式,主要利用混凝土的承压作用进行锚固,可以明显减小接缝尺寸,该连接形式在美国及日本应用较多,我国的《钢筋锚固板应用技术规程》(JGJ 256—2011)[17]也对这种连接形式进行了规定,但端头尺寸受到桥面板尺寸及保护层构造要求的限制,锚固板钢筋连接多用于梁柱节点及板厚较大的桥面板中,在板厚较小的桥面板中使用受限,如图1-14所示。

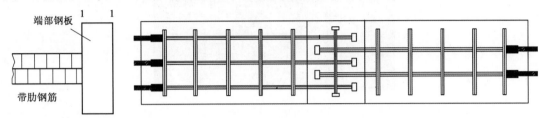

图1-14 锚固板钢筋连接构造

(3)回转式钢筋连接

回转式钢筋连接是指钢筋连接时上下层钢筋采用同一根钢筋,通过弯成180°的半圆弧,再与对应另一侧的半圆弧钢筋进行搭接,在重合环内设置横向钢筋,以此实现钢筋之间的可靠传力,如图1-15所示。回转式钢筋以其无须焊接施工方便、重合长度短可减小接缝尺寸的优势,被Eurocode[18]、CEB-FIP Model Code[19]、BS 8110[20]和Singapore code CP[21]等多国规范推荐使用。韩国Busan-Geoje桥、日本信越公路高架桥均采用了这种连接方式,国内桥梁建设中也在部分工程中得到应用,但目前各规范并无针对这种连接形式的详细构造设计条文,也缺乏相应的计算公式,无法完整地指导设计。

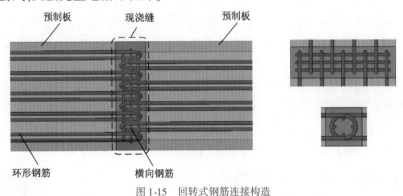

图1-15 回转式钢筋连接构造

1.3 回转式钢筋湿接缝结构开发

1.3.1 回转式钢筋湿接缝结构介绍

与传统采用钢筋焊接的接缝连接形式相比,回转式钢筋接缝在施工上更为便利。不仅提升了工程的装配化程度,提高了施工的效率,还能够有效控制现场施工质量,带来明显的经济效益。

回转式钢筋接缝一般是预制板上下缘钢筋采用通长的回转式钢筋,并与相邻预制板的伸出钢筋进行搭接,在重合区域内放置横向钢筋,然后进行混凝土浇筑,结构示意图如图1-16所示。

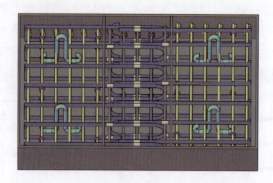

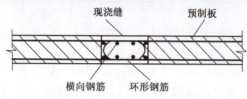

图 1-16 回转式钢筋接缝

由于回转式钢筋接缝连接形式不需要焊接工艺,施工更加便利,同时还可以通过采用重合长度较短的回转式钢筋,来减小接缝尺寸,提高连接质量,使得回转式钢筋接缝成为预制装配桥面板连接方式的重要选择。Eurocode[18]、CEB-FIP Model Code[19]、BS 8110[20]规范均指出回转式钢筋连接形式可用于弯曲和拉伸接缝,以保持钢筋的连续性,Singapore code CP[21]规定了在各种预制结构中的回转式钢筋连接形式,我国的《国家建筑标准设计图集》[22]也规定了装配式结构中回转式钢筋连接的构造。国内外学者对于回转式钢筋接缝的研究结果表明采用回转式钢筋接缝连接形式的受力性能良好,应用范围较广,发展前景较好[23-27]。韩国的 Busan-Geoje 斜拉桥[28]采用的便是回转式钢筋接缝连接形式,该桥的预制桥面板在桥梁的横向和纵向都通过回转式钢筋连接形式进行连接,如图 1-17 所示。回转式钢筋接缝连接形式的研究推动了桥梁工业化建造的发展,进一步明确了回转式钢筋湿接缝连接形式的受力模式,便于进行更为精确的设计,促进了预制装配式桥梁建造方式的进一步推广。

a)纵、横向回转式钢筋接缝连接形式

b)横向回转式钢筋接缝连接形式

图 1-17 Busan-Geoje 大桥回转式钢筋接缝连接形式的应用[18]

1.3.2 回转式钢筋接缝适应性分析

预制 T 梁、预制小箱梁、钢板组合梁桥面板之间存在横向和纵向两种湿接缝。本节以钢板组合连续梁和预制小箱梁结构形式为示例,针对桥面板横向接缝和纵向接缝开展受力性能研究工作。

1) 横向接缝受力分析

研究选用钢板组合梁结构开展,探究桥面板纵横向接缝受力性能。研究采用的钢板组合梁为 2×45m 连续梁结构,结构的标准断面图,如图 1-18 所示,结构为双主梁的结构形式,主梁间距 6.7m,桥宽 12.5m,钢梁高 2.4m,加腋处混凝土板厚 40cm,未加腋位置混凝土板厚为 27cm。在桥面板建设中,桥面板横向整体预制,桥面板之间为横向接缝。

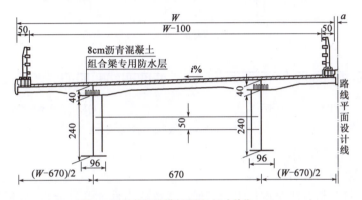

图 1-18 结构标准横断面图(尺寸单位:cm)

位于结构跨中和中支点位置的接缝受力模式差距很大,因此对两处位置的接缝分别计算分析。

(1) 有限元模型建立

计算分析采用 ANSYS 有限元软件,其中混凝土桥面板采用 Solid45 实体单元模拟,钢梁采用 Shell43 壳单元模拟。有限元模型如图 1-19 所示。结构施工阶段模拟分为以下阶段:①架设钢主梁;②架设预制桥面板;③浇筑混凝土湿接缝;④施工二期恒载,完成结构施工。在 ANSYS 中通过单元生死模拟施工阶段。

图 1-19 全桥空间有限元模型

计算分析时,采用车道荷载加载模式,计算横向接缝的纵向受力。车道荷载采用《公路桥涵设计通用规范》(JTG D60—2015)[29]中规定的荷载模式,荷载效应基本组合:车道荷载采用最不利加载方式,求得基本组合作用下板的内力,其中基本组合考虑:1.2恒载+0.7×1.4总体升温+0.7×1.4梯度升温+0.7×1.4制动力+1.4×1.3汽车荷载。为模拟接缝受力最不利情况,计算时车道荷载的横向布置形式如图1-20所示,结构横向布置两个车道。车道荷载纵向布置方式根据计算位置不同分为两类:中支点位置接缝受力最不利、跨中位置接缝受力最不利,车道荷载的纵向布置形式如图1-21所示。

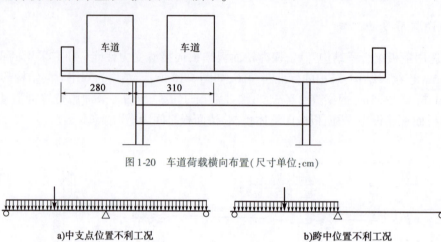

图1-20 车道荷载横向布置(尺寸单位:cm)

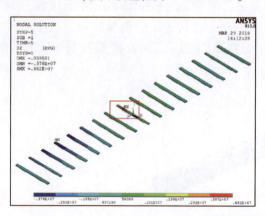
a)中支点位置不利工况

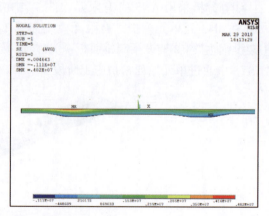
b)跨中位置不利工况

图1-21 车道荷载纵向布置形式

(2)接缝受力计算结果

①支点处横缝受力分析

按照上述计算分析方法对钢板组合梁横向接缝受力性能开展分析,分析过程为结构弹性分析,未涉及结构的非线性计算问题。图1-22给出了钢板组合梁横向接缝的纵向弯矩计算结果,从计算结果可以看出,支点位置桥面板横向接缝上缘最大拉应力为4.82MPa,接缝下缘最大压应力为-1.11MPa,通过应力结果进行截面积分,反算得到接缝承受弯矩效应值为79.1kN·m/m,轴力效应值为742.0kN/m。

图1-22 接缝纵向应力云图(单位:Pa)

②跨中处横缝受力分析

按照上述计算分析方法对钢板组合梁横向接缝受力性能开展分析,分析过程为结构弹性分析,未涉及结构的非线性计算问题。图1-23给出了钢板组合梁横向接缝的纵向弯矩计算结果,从计算结果可以看出,跨中位置桥面板横向接缝上缘最小压应力为-0.73MPa,接缝下缘最大压应力为-3.47MPa,通过接缝局部的应力计算结果,反算得到接缝承受弯矩效应值为36.5kN·m/m,轴力效应值为-840.0kN/m。

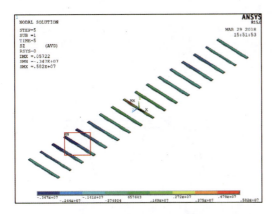 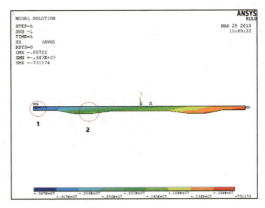

图1-23　接缝纵向应力云图(单位:Pa)

2)纵向接缝受力分析

以小箱梁结构为例进行接缝受力模式分析,建模选取标准小箱梁结构,跨径布置为2×30m。结构的标准断面图如图1-24所示,结构由四片小箱梁组成,梁高为1.6m,共包含三个纵向接缝。小箱梁在设计时存在一定的纵横向斜坡,在接缝受力分析中忽略纵横向坡度的影响,采用平的结构建模分析,这样的简化对接缝受力影响很小。

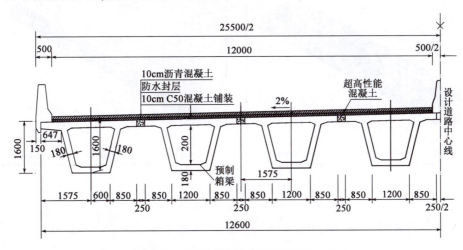

图1-24　小箱梁标准断面图(尺寸单位:cm)

计算分析采用ANSYS有限元软件,其中混凝土小箱梁采用SOLID45单元模拟。结构施工阶段模拟分为以下阶段:①架设预制小箱梁;②浇筑混凝土湿接缝;③施工二期恒载,完成结构施工。在ANSYS中通过单元生死模拟施工阶段。

计算接缝受力时,采用车辆荷载加载模式,计算接缝结构的横向受力。汽车荷载的选取采用《公路桥涵设计通用规范》(JTG D60—2015)[29]中规定的车辆荷载,为55t重的标准车辆。

车辆荷载按上述荷载模式施加在小箱梁结构中。接缝受力计算中,计算的是结构外侧的接缝,选取一跨跨中区域的外侧接缝作为受力分析的对象,为了实现接缝受力最不利情况,计算时车辆的横向布置形式如图1-25所示,一侧车轮直接作用在接缝上部;纵向上,重140kN的车轮作用在跨中位置,其余车轮荷载按照轮距情况加载。

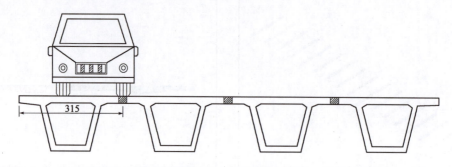

图1-25　车辆横向布置图(尺寸单位:cm)

按照上述计算分析方法对小箱梁接缝受力性能开展分析,分析过程为结构弹性分析,未涉及结构的非线性计算问题。图1-26给出了小箱梁纵向接缝的横向弯矩计算结果,从计算结果可以看出,在车轮直接作用位置,小箱梁接缝受弯效应最明显,此处接缝下缘最大拉应力为2.46MPa,接缝上缘最大压应力为-3.01MPa,通过接缝局部的应力计算结果,反算得到接缝承受弯矩效应值为30.8kN·m/m,轴力效应值为-71.5kN/m。

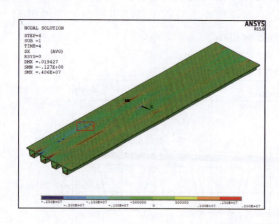 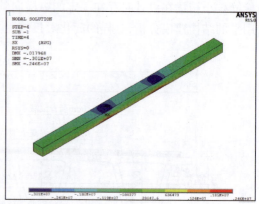

图1-26　结构及接缝横向应力云图(单位:Pa)

3)接缝受力总结

以钢板组合梁和预制装配小箱梁为例,探究了钢板组合梁桥面板横向接缝的受力性能。桥面板横向接缝分为支点横向接缝和跨中横向接缝。支点位置横向接缝承受最大弯矩79.1kN·m/m,承受最大拉力742.0kN/m;跨中位置横向接缝承受最大弯矩36.5kN·m/m,承受最大压力-840.0kN/m。预制小箱梁纵向接缝承受弯矩效应值为30.8kN·m/m,轴力效应值为-71.5kN/m。

由上述结果可知,在整体受力的情况下,结构受到轴力和弯矩的共同作用,其中纵向接缝弯矩作用更明显。相对于轴压力而言,轴拉力对结构的受力更为不利,因此应主要分析接缝在轴拉力和纯弯荷载作用下的受力性能。

4) 回转式钢筋接缝适用范围

综合上述研究结论,回转式钢筋接缝可应用于 T 梁、小箱梁、钢板组合梁桥面板的现浇混凝土湿接缝中。

(1) T 梁

常规 T 梁的典型构造如图 1-27 所示。其横向由数片主梁组成,主梁之间通过湿接缝相连。T 梁主梁湿接缝构造可采用回转式钢筋接缝。

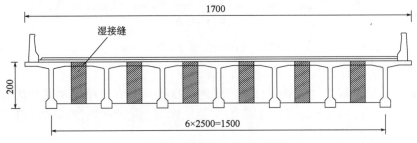

图 1-27　T 梁典型横断面布置(尺寸单位:cm)

(2) 小箱梁

常规小箱梁的典型构造如图 1-28 所示,其横向由数片主梁组成,主梁之间通过湿接缝相连。小箱梁主梁湿接缝构造可采用回转式钢筋接缝。

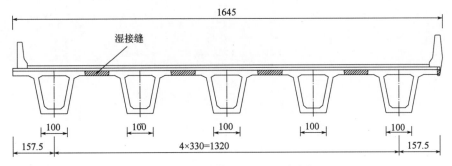

图 1-28　小箱梁典型横断面布置(尺寸单位:cm)

(3) 钢板组合梁

常规钢板组合梁桥面板的分块布置图如图 1-29 所示,预制板之间通过现浇湿接缝相连,分为横向湿接缝与纵向湿接缝,若采用全宽预制桥面板则无纵向湿接缝。钢板组合梁预制桥面板之间的湿接缝连接构造可采用回转式钢筋接缝,如图 1-30 所示。

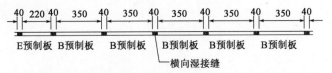

图 1-29　钢板组合梁桥面板立面布置图(尺寸单位:cm)

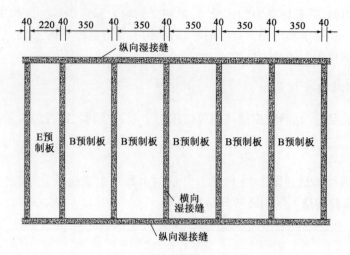

图1-30 钢板组合梁桥面板平面布置图(尺寸单位:cm)

对回转式钢筋接缝的适应性进行研究,主要结论如下:

(1)相较于传统的焊接、机械连接,回转式钢筋接缝具有安装简单及成本优势,也不会产生品控不稳定的情况,消除了连接失效风险,充分发挥工业化的优势,形成奇偶布置形式,成为极具发展潜力的新型连接形式。

(2)混凝土湿接缝以受弯及受拉为主,回转式钢筋接缝通过对核心混凝土的箍束作用,实现抗弯及抗拉,对接缝受力具有良好的适应性,可以用于T梁、小箱梁、钢混组合梁桥面板等结构中的混凝土湿接缝。

第 2 章
CHAPTER 2

回转式钢筋接缝受力性能试验研究

目前预制桥面板接缝常用钢筋焊接的连接形式，回转式钢筋接缝用于剪力墙结构较多，在预制桥面连接中使用较少，需要对回转式钢筋接缝的工程适应性进行研究。明确接缝的构造要求和受力模式，可以进行更为精确的设计。通过缩小湿接缝尺寸，可减小现场工作量，并降低湿接缝对整体性能的不利影响。这样不仅确保了湿接缝设计的安全性，优化了受力性能，同时还可以提高建造技术的先进性，有助于促进预制装配桥梁建造方式的推广。

2.1 试验研究概述

本章对常见的装配式桥面板接缝构造进行模拟，对回转式钢筋接缝在轴拉荷载作用下的力学性能进行试验研究，明确设计参数和接缝在不同构造下的使用性能。

根据相关文献调研及理论分析，可以总结出影响接缝受力的参数，主要可以分为以下几类：

(1) 回转式钢筋参数：包括回转式钢筋间距、埋置深度、重合长度、弯曲直径、面积及强度等；

(2) 横向钢筋参数：包括横向钢筋面积及强度等；

(3) 接缝尺寸参数：包括接缝长度及厚度等；

(4) 混凝土材料参数：包括混凝土强度等。

在上述参数当中，对接缝受力性能影响较大的参数有回转式钢筋重合长度、回转式钢筋间距、回转式钢筋面积、横向钢筋面积、混凝土强度等，其中与回转式钢筋接缝构造有关的参数为前四项。选取这四项参数开展参数化试验研究，分析各个参数与接缝承载能力、受力模式及破坏模式之间的关系，讨论各参数之间的关系，以探明回转式钢筋接缝的受力机理。对于剩余的参数，将通过有限元模拟的形式分析其对接缝受力性能的影响性。

分析表明，接缝在轴力和弯矩作用下的受力性能是本章研究的重点。此外，由于轴力作用下接缝的受力模型相对于弯矩作用下更简明，因此，着重对轴拉力作用下的接缝进行参数化研究，在明确轴拉力作用下接缝受力模型及相应计算公式的基础上，对比纯弯和轴力作用下接缝的承载能力和受力模式，得到纯弯作用下接缝的受力模型和计算公式，在保证结构安全性的同时满足结构的使用性能。

试验共分为轴拉荷载试验和弯矩荷载试验两部分，其中轴拉试验试件 23 个，弯矩试验试件 7 个。试验研究的参数主要有回转式钢筋重合长度、回转式钢筋间距、回转式钢筋直径、横向钢筋面积等，对于每个研究参数设置足够的试件组数以分析其对接缝受力的影响。为便于对比试验结果以及验证回转式钢筋接缝的连接性能,设置通长钢筋试件以及回转式钢筋接缝标准试件作为对照试验。

2.2 抗拉试验研究

2.2.1 试验方案设计与参数选择

1)试件设计

常见的预制T梁、小箱梁和钢板组合梁的桥面板厚度多在180~260mm,为确保试验研究的适用性,本文共采用16mm、20mm和25mm三种不同直径的钢筋。结合理论分析研究参数有回转式钢筋间距、回转式钢筋重合长度、回转式钢筋直径、板厚、横向钢筋数量,试件具体分组见表2-1。系列1为通长钢筋试件和回转式钢筋接缝标准试件,通长钢筋试件采用一次浇筑,回转式钢筋接缝试件第一批先浇筑预制板,待预制板养护至规定强度后再浇筑湿接缝。系列2参数为回转式钢筋间距,系列3参数为回转式钢筋重合长度,系列4参数为回转式钢筋直径,系列5参数为横向钢筋面积。试件按横向钢筋的布置形式分为A、B两组,分别进行参数讨论,A组试件的横向钢筋基本构造为$4\times16mm$(数量×直径),B组试件的横向钢筋基本构造为$2\times10mm$(数量×直径),2根横向钢筋沿试件的厚度方向布置。

试件分组 表2-1

系列	试件编号	厚度 (mm)	缝宽 l (mm)	环筋间距 s (mm)	环筋直径 ϕ_L (mm)	重合长度 H (mm)	弯曲内径 D (mm)	横筋数量	横筋直径 (mm)	连接类型
1	T1-1	220	—	—	—	—	—	—	—	通长
1	T1-2A	220	210	75	20	140	110	4	16	
1	T1-2B	220	210	75	20	140	110	2	10	
2	T2-1A	220	210	50	20	140	110	4	16	
2	T2-1B	220	210	50	20	140	110	2	10	
2	T2-1B	220	210	50	20	140	110	2	10	
2	T2-2A	220	210	100	20	140	110	4	16	
2	T2-2B	220	210	100	20	140	110	2	10	
3	T3-1A	220	250	75	20	180	110	4	16	环形对中
3	T3-1A	220	250	75	20	180	110	4	16	
3	T3-1B	220	250	75	20	180	110	2	10	
3	T3-2A	220	320	75	20	250	110	4	16	
3	T3-2B	220	320	75	20	250	110	2	10	
4	T4-1A	220	210	75	25	180	110	4	16	
4	T4-1B	220	210	75	25	180	110	2	10	
4	T4-1B	220	210	75	25	180	110	2	10	

续上表

系列	试件编号	厚度（mm）	缝宽 l（mm）	环筋间距 s（mm）	环筋直径 ϕ_L（mm）	重合长度 H（mm）	弯曲内径 D（mm）	横筋数量	横筋直径（mm）	连接类型
4	T4-2A	220	250	75	16	140	110	4	16	
	T4-2B	220	250	75	16	140	110	2	10	
	T5-1A	220	210	75	20	140	110	2	16	
	T5-1B	220	210	75	20	140	110	2	12	环形对中
5	T5-1A	220	210	75	20	140	110	0	—	
	T5-2A	220	210	75	20	140	110	2	8	
	T5-2B	220	210	75	20	140	110	2	8	

图2-1及图2-2所示试件的构造尺寸及配筋示意图。预制板及接缝的混凝土材料均采用C50混凝土,配筋全部采用HRB400钢筋。为保证横向钢筋的有效锚固,将横向钢筋做成封闭的环形。采用预埋精轧螺纹钢的方法对试件施加轴拉力,为保证钢筋的锚固长度,预制板的长度取为750mm,接缝宽度比重合长度大70mm,以保证接缝内钢筋的保护层厚度。

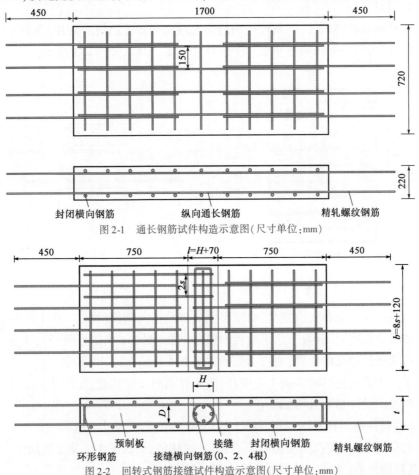

图2-1 通长钢筋试件构造示意图(尺寸单位:mm)

图2-2 回转式钢筋接缝试件构造示意图(尺寸单位:mm)

2) 测试内容

(1) 强度和刚度

得到结构在弯矩作用下的荷载—位移曲线,重点关注开裂荷载—开裂荷载位移、屈服荷载—屈服荷载位移、最大荷载—最大荷载位移、极限荷载(85%最大荷载)—位移。得到受拉区钢筋荷载—应变曲线,结合观察现象判断试件的状态。

(2) 延性

延性系数 = 极限荷载位移/屈服荷载位移。

(3) 开裂和破坏模式

加载过程中的开裂顺序和裂缝发展趋势,失效时受拉区钢筋和混凝土形态。

3) 测点布置

为明确荷载作用下回转式钢筋及横向钢筋的受力情况,对钢筋进行应变测量,在界面处及接缝内部布置混凝土应变片,观察混凝土的开裂情况,在接缝两侧布置位移计,测量加载过程中接缝两侧的相对位移。

对于回转式钢筋接缝试件,在回转式钢筋的直线部分布置钢筋应变片,纵向上仅在接缝界面位置布置应变片,在接缝两侧各布置2个位移计(D1~D4),如图2-3所示。

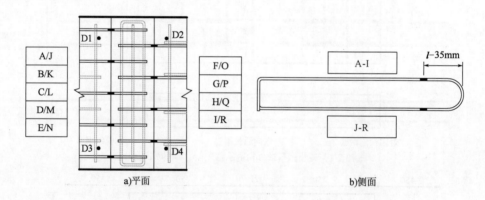

图2-3 接缝试件回转式钢筋应变片及位移计布置(尺寸单位:mm)

在接缝内横向钢筋上布置应变片,对于竖向放置的横向钢筋(图2-4中1号钢筋),应变片布置在相邻回转式钢筋之间,对于水平放置的横向钢筋(图2-4中2号钢筋),应变片布置在横向钢筋与回转式钢筋相交的位置,测点布置图如图2-4所示。

在新老混凝土界面处粘贴混凝土应变片,测量界面的开裂荷载,如图2-5所示。

试件制作及应变片粘贴流程如下:

(1) 首先进行钢筋绑扎及预制板混凝土的浇筑,如图2-6、图2-7所示。

(2) 对回转式钢筋及横向钢筋进行打磨贴片,涂抹环氧,如图2-8、图2-9所示。

(3) 绑扎接缝钢筋,浇筑接缝混凝土并养护,如图2-10所示。

第2章 回转式钢筋接缝受力性能试验研究

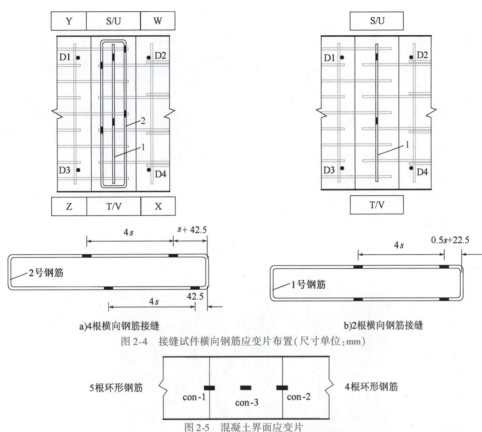

a) 4根横向钢筋接缝　　　　　　　　b) 2根横向钢筋接缝

图 2-4　接缝试件横向钢筋应变片布置(尺寸单位:mm)

图 2-5　混凝土界面应变片

图 2-6　通长试件钢筋绑扎

图 2-7　接缝试件预制板

a) 贴片位置打磨　　　　　　　　b) 贴片、涂抹环氧

图 2-8　回转式钢筋应变片布置

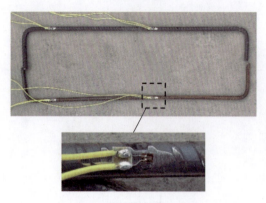
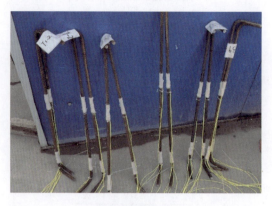

a) 横向钢筋应变片位置及细节　　　　　　b) 横向钢筋总体布置

图 2-9　横向钢筋应变片布置

图 2-10　绑扎接缝钢筋

4) 材性试验

(1) 混凝土

预制构件及湿接缝在浇筑时,预留同条件养护试块 6 组,为尺寸 150mm×150mm×150mm 的标准立方体试块,在试验加载当日进行试块抗压强度测试。

(2) 钢筋

对回转式钢筋和横向钢筋屈服强度和抗拉强度进行检测。

5) 加载装置

进行轴拉加载时,在混凝土预制板两端各固定一反力钢梁,试件水平放置(图 2-11),在试件下铺设黄砂以减小装置及试件自重导致的摩擦力的影响,将试验试件中预埋的精轧螺纹钢筋通过钢反力梁预留的缝隙并通过垫板和锚具等装置锚固于钢梁上,在试验板两侧对称放置相同量程的千斤顶,并让两个千斤顶保持联动,最终通过钢反力梁将千斤顶的作用力转化为对试件的轴拉力,对构件进行分级加载直至试件破坏。

钢反力梁的尺寸及实物如图 2-12 所示。

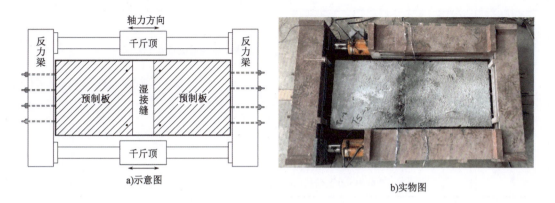

图 2-11　拉拔加载装置

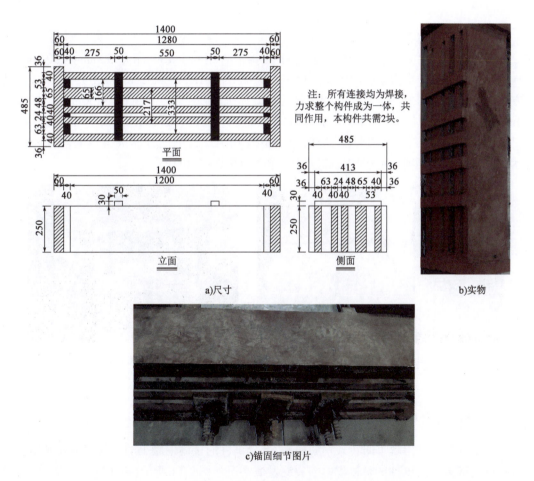

图 2-12　反力梁(尺寸单位:mm)

试验具体加载流程见表 2-2,以通长钢筋双筋截面估算截面试件的抗拉和抗弯承载力的一半作为接缝试件的预估破坏荷载。

试验加载流程表　　　　　　　　　　　　表2-2

序号	试验步骤	加载流程
1	预压/拉	以2kN为单位逐级加载至10kN,然后卸载至0,重复2次
2	正式加载	0～0.3倍预估破坏荷载区间,以0.1倍计算破坏荷载逐级加载,每级荷载后持荷2min,进行1次数据采集
		0.3～0.5倍预估破坏荷载区间,以0.05倍计算破坏荷载逐级加载,每级荷载后持荷2min,进行1次数据采集
		荷载加至0.5倍预估破坏荷载后,以位移控制加载,每级荷载增量0.1mm

2.2.2　极限破坏模式与规律

1) 材料数据

对试件的接缝混凝土及钢筋材性进行测量,得到A组6个150mm×150mm×150mm试块的立方体抗压强度分别为60.0MPa、61.1MPa、58.2MPa、61.5MPa、59.8MPa、56.7MPa,取试块立方体抗压强度的均值59.6MPa作为试件的立方体抗压强度值。B组6个150mm×150mm×150mm试块的立方体抗压强度分别为54.2MPa、54.2MPa、57.8MPa、58.7MPa、52.4MPa、57.3MPa,取试块立方体抗压强度的均值55.8MPa作为试件的立方体抗压强度值,如图2-13所示。钢筋屈服强度约为400MPa,抗拉极限强度为520～540MPa。

a) 150mm立方体试块　　　　　　　　　　b) 强度测试加载

图2-13　立方体强度测试

2) 裂缝发展及破坏模式

试验中部分试件出现了回转式钢筋屈服,部分试件的接缝混凝土的失效起主导作用。

接缝内部失效的试件试验过程中的裂缝发展情况如图2-14所示(以T5-1A为例),由于新老混凝土的界面黏结力低于母材,因此首先在界面处开裂,然后在接缝内横向上靠近外侧处出现对角裂缝,随着荷载的增加,对角裂缝向接缝中心发展,并沿着靠自由端的回转式钢筋产生劈裂裂缝,接近极限状态时,裂缝发展充分。

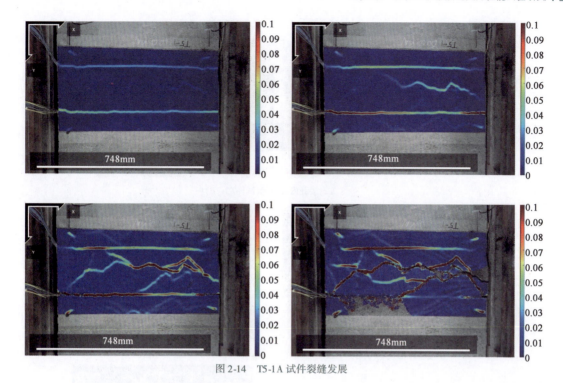

图 2-14　T5-1A 试件裂缝发展

图 2-15 为典型的试件破坏模式。极限状态下,接缝内裂缝分布比较复杂,图 2-15a)为试件表面的裂缝分布,裂缝首先出现在新老混凝土界面处,之后在接缝内部形成回转式钢筋之间的对角裂缝和平行于回转式钢筋的劈裂裂缝,其中对角裂缝为主裂缝。图 2-15b)为接缝侧面的裂缝分布,由于界面裂缝和对角裂缝的存在,且缺少有效的横向约束,因此会在最边侧靠回转式钢筋少的一侧出现混凝土块脱落。为了观察接缝内部的裂缝分布,剥除上表面的保护层混凝土,如图 2-15c)及图 2-15d)所示,可以发现在相邻回转式钢筋之间出现对角裂缝,而且可以看出,回转式钢筋之间除了对角裂缝,还有一些角度更缓的裂缝,混凝土的开裂模式类似于回转式钢筋之间的混凝土短柱受压。接缝内部裂缝的倾斜角度比表面更大,因此接缝内的破坏面是复杂的三维空间结构,如图 2-15f)和图 2-15g)所示,且从图 2-15c)可以看出,核心混凝土的开裂是自回转式钢筋中心位置开始的,因此以回转式钢筋中心的重合长度作为参数是合理的。图 2-15e)为试件破坏后接缝内横向钢筋的形态,可以看出,横向钢筋出现明显的变形。

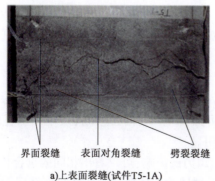

a)上表面裂缝(试件T5-1A)　　　　b)侧面裂缝(试件T2-1A)

图　2-15

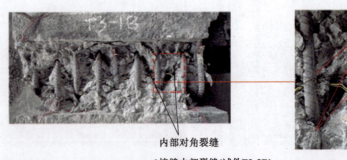

c) 接缝内部裂缝(试件T3-2B)

d) 接缝内部裂缝(试件T4-2A)

e) 接缝内横向钢筋(试件T2-2A)

f) 混凝土破坏锥体(试件T5-2A)

g) 破坏锥体侧视图(试件T5-2A)

图 2-15　接缝破坏形式

2.2.3　加载过程受力特性测试

1) 荷载—位移曲线

本小节介绍并讨论了轴拉试件的荷载—位移曲线。δ_t 是两个界面之间的相对位移。由上述四个角点的位移传感器测量求得。

（1）回转式钢筋间距

图 2-16 所示是 T1-2、T2-1、T2-2 试验组试件的荷载—位移曲线，三组试件回转式钢筋间距（对侧）分别为75mm、50mm、100mm。由结果可知，A 组试件接缝试件表现出明显的延性，随着回转式钢筋间距的变化，结构的承载力变化明显。

图 2-17 所示为回转式钢筋横向间距 s 对承载力的影响，可以看出相同的重合长度下，A 组试件相邻回转式钢筋间距为 50mm 和 75mm 时，试件的破坏形式为回转式钢筋屈服，当相邻回

转式钢筋间距为100mm时,试件的破坏形式为接缝内部的破坏,B组试件均为接缝内部破坏。从试验结果看出,回转式钢筋间距的提高会导致接缝的承载力降低。

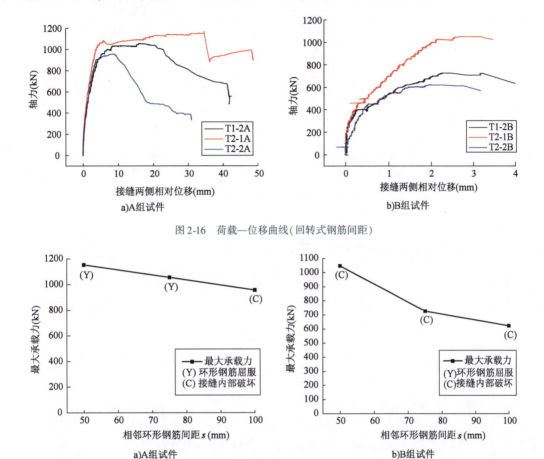

图2-16 荷载—位移曲线(回转式钢筋间距)

图2-17 回转式钢筋间距对承载力的影响

(2)回转式钢筋重合长度

图2-18所示为T1-2、T3-1、T3-2试验组试件的荷载—位移曲线,三组试件的回转式钢筋重合长度分别为140mm、180mm和250mm,由结果可知,由于A组试件均为回转式钢筋屈服破坏,因此接缝试件均表现出明显的延性,A组的横向钢筋布置构造,对于直径20mm的HRB400钢筋,其他构造条件不变的情况下,重合长度140mm即可保证接缝的承载能力满足要求。B组试件T3-2B为回转式钢筋屈服破坏,其余试件为接缝内部破坏,B组的横向钢筋布置构造,对于直径20mm的HRB400钢筋,其他构造条件不变的情况下,重合长度250mm即可保证接缝的承载能力满足要求。同时可以看出,随着回转式钢筋重合长度的增加,结构的延性增加明显。

图2-19所示为回转式钢筋重合长度对承载力的影响,A组试件重合长度为140mm、180mm和250mm时,试件的破坏形式均为回转式钢筋屈服,B组试件在重合长度140mm和180mm时为接缝内部破坏,重合长度为250mm时为回转式钢筋屈服破坏。从试验的结果看出,回转式钢筋重合长度的提高会增加接缝的承载力。

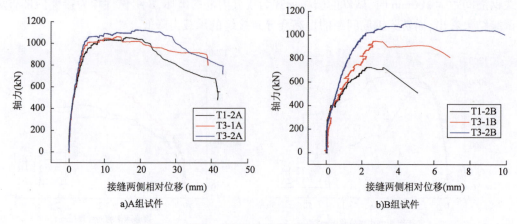

图 2-18　荷载—位移曲线（回转式钢筋重合长度）

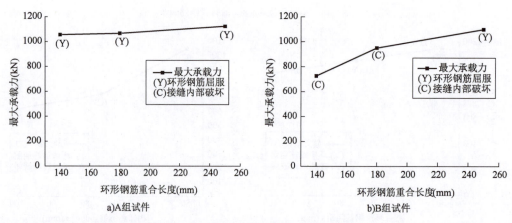

图 2-19　回转式钢筋重合长度对承载力的影响

(3) 回转式钢筋直径

图 2-20、图 2-21 所示为相同接缝构造尺寸和横向钢筋配置，不同回转式钢筋直径下试件的荷载—位移曲线。

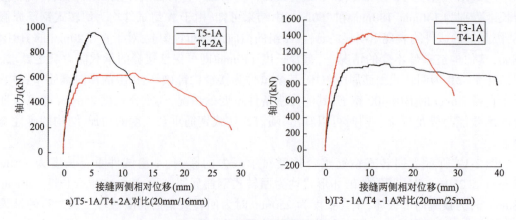

图 2-20　A 组回转式钢筋直径试件

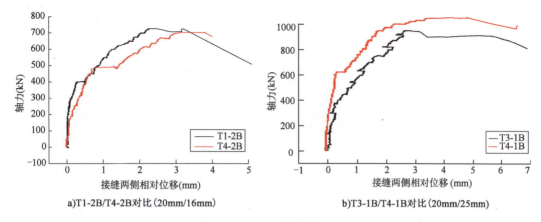

图2-21 B组回转式钢筋直径试件

由图2-20可知,对于A组试件,T5-1A和T4-2A采用相同的接缝尺寸(重合长度140mm、间距75mm)和横向钢筋配置(2×16mm),T5-1A采用直径20mm HRB400回转式钢筋,T4-2A采用直径16mm HRB400回转式钢筋;T3-1A和T4-1A采用相同的接缝尺寸(重合长度180mm、间距75mm)和横向钢筋配置(4×16mm),T3-1A采用直径20mm回转式钢筋,T4-1A采用直径25mm回转式钢筋。

T4-2A、T3-1A破坏形式为回转式钢筋屈服,T5-1A、T4-1A破坏形式为接缝内部破坏,说明在A组的横向钢筋配置下,其他构造条件不变的情况下,重合长度140mm可满足直径16mm HRB400回转式钢筋接缝的承载能力要求,不能满足直径20mm HRB400回转式钢筋接缝的承载能力要求。重合长度180mm可满足直径20mm HRB400回转式钢筋接缝的承载能力要求,不能满足直径25mm HRB400回转式钢筋接缝的承载能力要求。由于回转式钢筋接缝的直径改变,导致其接缝侧破坏模式改变,因此从A组试件不能得出回转式钢筋直径对接缝承载力的影响。

由图2-21可知,对于B组试件,T1-2B和T4-2B采用相同的接缝尺寸(重合长度140mm、间距75mm)和横向钢筋配置(2×10mm),T1-2B采用直径20mm HRB400回转式钢筋,T4-2B采用直径16mm HRB400回转式钢筋;T3-1B和T4-1B采用相同的接缝尺寸(重合长度180mm、间距75mm)和横向钢筋配置(2×10mm),T3-1B采用直径20mm回转式钢筋,T4-1B采用直径25mm回转式钢筋。

T1-2B和T4-2B、T3-1B和T4-1B的破坏形式均为接缝内部破坏,回转式钢筋直径影响钢筋的抗拉承载力,实际对承载力产生影响的应该是回转式钢筋的抗拉强度,因钢筋的材性相同,因此用回转式钢筋直径进行表征,由图2-22所示可以看出,虽然存在试验个体上的差异,但从整体上看回转式钢筋接缝核心混凝土的承载力是独立于回转式钢筋轴拉强度的。

回转式钢筋直径对混凝土的另一个影响是圆弧段对混凝土的局部径向压力,径向压力的平均值可用公式近似求解,受力示意图如图2-23所示。T为回转式钢筋拉力,σ_r为回转式钢筋对混凝土的平均径向压力,D为回转式钢筋的弯曲内径,φ_L为回转式钢筋的直径。近似认为钢筋的接触面是宽为中钢筋直径的环形条带。通过积分建立轴拉荷载与径向压力的关系式:

$$2T = \int_0^\pi \sigma_r \frac{D+\phi_L}{2}\phi_L d\theta$$

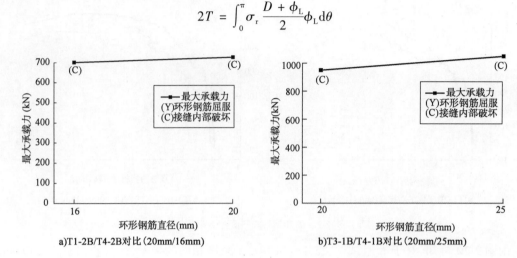

a)T1-2B/T4-2B对比(20mm/16mm)　　　b)T3-1B/T4-1B对比(20mm/25mm)

图2-22　回转式钢筋直径对承载力的影响

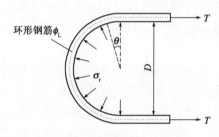

图2-23　径向压力受力示意图

可以求得径向压力：

$$\sigma_r = \frac{2T}{(D+\phi_L)\phi_L}$$

根据上述公式,当弯曲内径为110mm,在相同的轴拉荷载下,回转式钢筋直径由25mm变化为20mm时,圆弧段回转式钢筋对混凝土的平均径向压力增加了约30%,试件的承载力却未发生明显变化,因此可以推断,圆弧段钢筋施加于混凝土的局部径向应力对接缝的承载能力不起决定性作用。

(4)横向钢筋面积

图2-24所示为T1-2、T5-1、T5-2试验组试件的荷载—位移曲线,图2-24a)为A组试件的结果,A组试件T1-2A、T5-1A、T5-2A横向钢筋的布置分别为4×16mm、2×16mm和无横向钢筋,对比T5-1A和T5-2A试件的荷载—位移曲线可以看出,当接缝不配置横向钢筋时,仍有一定的承载力,但表现出明显的脆性破坏。且配置横向钢筋的接缝刚度明显高于无横向钢筋的试件,对比T1-2A和T5-1A的荷载—位移曲线可以看出,配置2根横向钢筋和4根横向钢筋试件的刚度相近。

图2-24b)为B组试件的结果,T1-2B、T5-1B、T5-2B横向钢筋的布置分别为2×10mm、2×12mm和2×8mm,随着横向钢筋面积的增加,结构的承载力和变形能力明显增加。

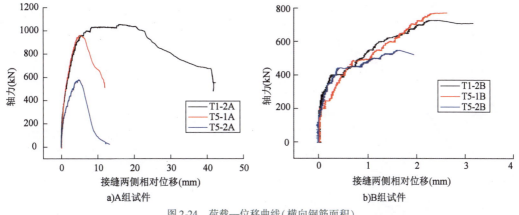

图 2-24　荷载—位移曲线(横向钢筋面积)

图 2-25 为横向钢筋面积对接缝承载能力的影响,可以看出有无横向钢筋对接缝承载能力的影响很大,承载力随着横向钢筋面积的增加而增加,且横向钢筋面积较小时对承载力的影响更明显。

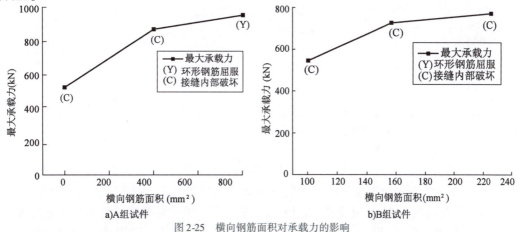

图 2-25　横向钢筋面积对承载力的影响

对比有无横向钢筋试件的荷载—位移曲线,可以看出,虽然配置 2 根横向钢筋的试件破坏仍有脆性破坏的特征,但配置横向钢筋可以有效增加构件的延性,相比于横向钢筋对承载能力的提高作用,其对构件延性的提高更为重要。因此,在设计中考虑横向钢筋是非常必要的。

2)荷载应变曲线

图 2-26 所示为回转式钢筋荷载—应变曲线,可以通过回转式钢筋的应变变化判别试件的破坏状态,T2-2B 试件的破坏状态为接缝内部破坏,破坏前回转式钢筋的应变随荷载基本呈线性变化,未出现明显的屈服平台,T3-2B 试件的破坏状态为回转式钢筋屈服,破坏前回转式钢筋应变出现了明显的屈服平台。

图 2-27 所示为横向钢筋荷载—应变曲线,横向钢筋的应力出现拉应力和压应力两种状态。加载开始后,横向钢筋应变在初始加载阶段增长缓慢,这是由于接缝内部没有形成裂缝。随着轴力的增大,接缝内部裂缝的形成,横向钢筋的应变明显增加,可以通过横向钢筋的应变变化判别接缝内出现裂缝的时机。

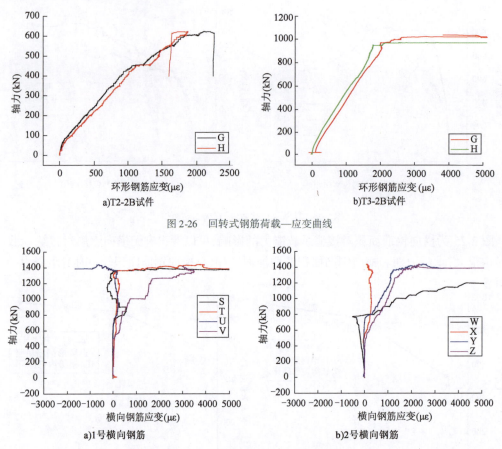

图2-26 回转式钢筋荷载—应变曲线

图2-27 T4-1A横向钢筋荷载—应变曲线

图2-28所示为新老混凝土界面的混凝土的荷载—应变曲线,由图可知,靠近回转式钢筋数量少的一侧界面(con-2)的裂缝发展较快,靠近回转式钢筋数量多的一侧界面裂缝发展较慢(con-1),裂缝发展到一定程度后呈现逐渐闭合的趋势,甚至在接近极限状态时截面混凝土呈受压状态,这是由于界面开裂后,靠近自由端的混凝土在最外侧回转式钢筋的作用下,有向外侧旋转的趋势。

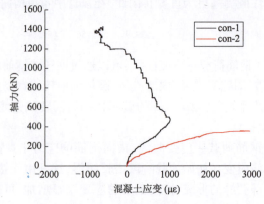

图2-28 T4-1A界面混凝土荷载—应变曲线

2.2.4 极限承载能力结果

对试件的几种荷载强度和位移进行统计,开裂荷载为核心混凝土出现第一道裂缝时的轴拉荷载、屈服荷载为回转式钢筋开始屈服时的轴拉荷载、最大荷载为试件能承受的最大轴拉荷载、极限荷载为试件承载力下降段85%最大荷载时的轴拉荷载,与荷载强度对应有屈服荷载位移、最大荷载位移、极限荷载位移,见表2-3。

试件荷载强度 表2-3

试件	失效模式	开裂荷载 P_{cr}	屈服荷载 P_y	δ_{py}	最大荷载 P_{max}	δ_{pmax}	极限荷载 P_u	δ_{pu}	P_{cr}/P_{max}	延性系数 δ_{pu}/δ_{py}
T1-1	Y	—	1027.3	—	1092.2	—	—	—	—	—
T1-2A	Y	396.0	990.0	8.39	1054.6	16.00	896.4	25.30	0.38	3.0
T1-2B	C	399.6	726.4	2.29	726.4	2.29	708.0	3.02	0.55	1.3
T2-1A	Y	267.9	1082.4	5.79	1152.2	32.94	979.4	35.67	0.23	6.2
T2-1B	C		1023.0	2.12	1047.2	3.08	1046.0	3.15		1.5
T2-2A	C	493.8	902.4	3.72	956.1	8.59	812.7	12.52	0.52	3.4
T2-2B	C	427.4	600.2	1.47	622.2	1.99	611.6	2.79	0.69	1.9
T3-1A	Y	298.8	1014.1	5.51	1065.1	13.49	905.3	38.05	0.28	6.9
T3-1B	C	505.4	901.8	3.77	950.2	2.75	901.8	5.84	0.53	1.5
T3-2A	Y	538.2	1057.9	5.42	1122.5	19.46	954.1	32.31	0.48	6.0
T3-2B	Y	—	1017.9	2.23	1098.3	4.54	1038.3	9.14	—	4.1
T4-1A	C	553.9	1264.9	3.85	1439.8	9.76	1223.8	21.59	0.38	5.6
T4-1B	C		997.3	2.23	1048.4	3.44	1048.0	4.69	—	2.1
T4-2A	Y	282.3	621.2	5.33	639.9	11.56	543.9	18.27	0.44	3.4
T4-2B	C	—	694.3	2.97	700.9	3.09	700.8	3.75	—	1.3
T5-1A	C	352.6	942.4	4.23	961.1	5.38	816.9	7.55	0.37	1.8
T5-1B	C	429.4	765.0	2.29	771.3	2.62	771.3	2.62	0.56	1.1
T5-2A	C				577.4	4.71	490.8	6.03		
T5-2B	C	—	545.9	1.59	545.9	1.63	538.3	1.78	—	1.1

注:C-核心混凝土失效;Y-回转式钢筋屈服。

可以发现第一道对角裂缝出现时的荷载为 0.3~0.6 倍的最大荷载,回转式钢筋屈服的破坏状态,结构的延性最好,核心混凝土破坏的延性与接缝的构造有关。

2.2.5 抗拉试验分析小结

对回转式钢筋接缝在轴拉荷载作用下的力学性能进行试验研究,试验共包含 23 个试件,主要参数有回转式钢筋横向间距、回转式钢筋中心重合长度、回转式钢筋直径和横向钢筋面积,对结构的破坏过程、破坏状态、承载力和延性进行分析,明确构造参数对回转式钢筋接缝受力性能的影响,主要结论如下:

(1) 回转式钢筋接缝在轴拉力作用下的破坏模式有回转式钢筋屈服和接缝内部破坏两种形式,回转式钢筋屈服时结构延性最好,接缝混凝土破坏时的延性与接缝的构造有关,同时也说明合理的接缝构造能有效保证接缝的承载力。

(2) 加载过程中接缝内部的开裂发展情况:首先在新老混凝土界面开裂,靠近回转式钢筋数量少的一侧界面开裂更早,且裂缝的发展速度更快;然后在外侧回转式钢筋之间出现第一道对角裂缝,此时的荷载为 0.3~0.6 倍的最大承载力;之后在内部回转式钢筋之间形成对角裂缝,在极限状态时,沿最外侧回转式钢筋会出现劈裂裂缝。

(3) 接缝破坏时主裂缝为回转式钢筋之间混凝土的对角裂缝,接缝内部裂缝的倾斜角度比表面更大,接缝内的混凝土破坏面是复杂的三维空间结构,剥开混凝土保护层可以发现,回转式钢筋之间除了对角裂缝,还有一些角度更缓的裂缝,混凝土的开裂模式类似于回转式钢筋之间的混凝土短柱受压。

(4) 接缝内部开始出现对角裂缝时横向钢筋拉力开始显著变化,横向钢筋同时存在拉应力和压应力,即并非单纯地承受拉力荷载,还要承受一定的局部弯曲作用,极限状态下横向钢筋屈服并出现明显的变形。

(5) 接缝内部的抗拉承载力与回转式钢筋的间距、重合长度和横向钢筋的配置有关,受回转式钢筋直径影响较小。承载力随着回转式钢筋间距的减小、重合长度的增加而提高,接缝内横向钢筋对接缝的受力性能影响十分显著,当接缝不配置横向钢筋时,仍有一定的承载力,但表现出明显的脆性破坏,且配置横向钢筋的接缝刚度明显高于无横向钢筋的试件。增加横向钢筋可以提高接缝的承载力,且横向钢筋面积较小时对承载力的影响更明显。

2.3 抗弯试验研究

2.3.1 试验方案设计与参数选择

1) 试件设计

为便于判别回转式钢筋接缝受弯破坏的状态,且验证接缝传递弯矩荷载的效果,设置了一组通长钢筋试件(B7-1),为便于与轴拉试验进行对比,纯弯试验的接缝构造与轴拉试验相同,其中 B7-2、B8-1、B9-1 试验组的接缝构造分别与轴拉试件的 T1-2、T2-2 和 T3-1 试验组相同。纯弯试验仅采用 20mm 回转式钢筋,试件厚度采用 220mm,采用两种横向钢筋直径,A 组试件统一采用 16mm 横向钢筋,B 组试件统一采用 10mm 横向钢筋,为避免试件在弯矩加载过程中出现受剪破坏,将预制板的长度增加到 900mm,试验具体分组见表 2-4。

回转式钢筋接缝受弯试件分组 表 2-4

系列	试件编号	厚度 t（mm）	缝宽 l（mm）	环筋间距 s（mm）	环筋直径 ϕ_L（mm）	重合长度 H（mm）	弯曲内径 D（mm）	横筋数量	横筋直径（mm）	连接类型
1	B7-1	220	—	—	20	—	—	—	—	通长
1	B7-2A	220	210	75	20	140	110	4	16	环形对中
1	B7-2B	220	210	75	20	140	110	2	10	环形对中
2	B8-1A	220	210	100	20	140	110	4	16	环形对中
2	B8-1B	220	210	100	20	140	110	2	10	环形对中
3	B9-1A	220	250	75	20	180	110	4	16	环形对中
3	B9-1B	220	210	75	20	180	110	2	10	环形对中

图 2-29 所示为通长钢筋试件的构造尺寸及配筋示意图,图 2-30 所示为回转式钢筋接缝试件的构造尺寸及配筋示意图。预制板及接缝的混凝土材料均采用 C50 混凝土,配筋全部采用 HRB400 钢筋。为保证横向钢筋的有效锚固,将横向钢筋做成封闭的环形。

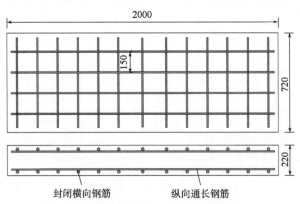

图 2-29 通长钢筋试件构造示意图(尺寸单位:mm)

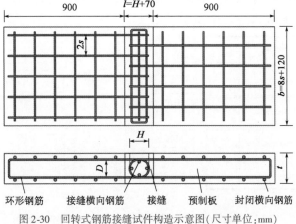

图 2-30 回转式钢筋接缝试件构造示意图(尺寸单位:mm)

2)测试内容

(1)强度和刚度

得到结构在弯矩作用下的荷载—位移曲线,重点关注开裂荷载—开裂荷载位移、屈服荷载—屈服荷载位移、最大荷载—最大荷载位移、极限荷载(85%最大荷载)—位移。

得到受压区、受拉区钢筋和混凝土的荷载—应变曲线,结合观察现象判断试件的状态。

(2)延性

延性系数=极限荷载位移/屈服荷载位移。

(3)开裂和破坏模式

加载过程中的开裂顺序和裂缝发展趋势;构件失效时受压区混凝土、受拉区钢筋和混凝土的形态。

3)测点布置

在纯弯区布置位移计,测量加载过程中接缝的位移,为明确荷载作用下钢筋和混凝土的受力情况,对钢筋进行应变测量,在受压区和受拉区界面处布置混凝土应变片。

位移计布置在纯弯区内,在纵向上布置3排,分别是试件中部和加载点正下方,在受拉区和受压区表面分别布置应变片,以观察受拉区混凝土的开裂情况和受压区混凝土的受力状态,测点布置如图2-31所示。

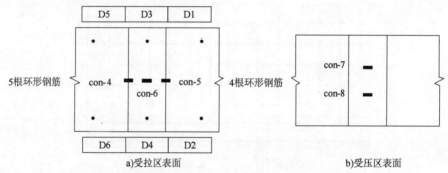

图2-31 试件混凝土应变片及位移计测点布置

对于回转式钢筋接缝试件,在回转式钢筋的直线部分布置钢筋应变片,纵向上在接缝界面位置布置应变片,测点布置如图2-32所示。

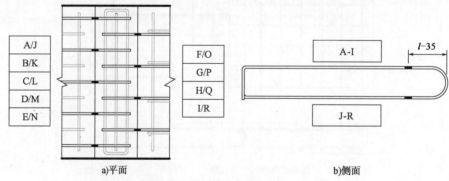

图2-32 接缝试件回转式钢筋应变片布置(尺寸单位:mm)

在接缝内横向钢筋上布置应变片,对于竖向放置的横向钢筋(图 2-33 中 1 号钢筋),应变片布置在相邻回转式钢筋之间,对于水平放置的横向钢筋(图 2-33 中 2 号钢筋),应变片布置在横向钢筋与回转式钢筋相交的位置,测点布置图如图 2-33 所示。

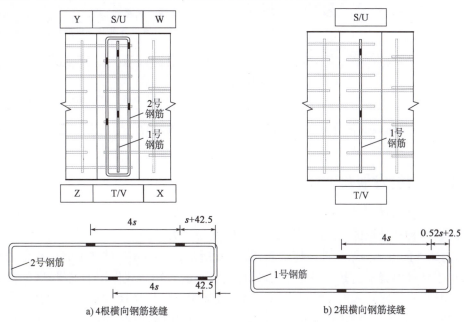

图 2-33　接缝试件横向钢筋应变片布置(尺寸单位:mm)

4) 材性试验

(1) 混凝土

预制构件及湿接缝在浇筑时,预留同条件养护试块 3 组,为尺寸 150mm×150mm×150mm 的标准立方体试块,在试验加载当日进行试块抗压强度测试。

(2) 钢筋

对回转式钢筋和横向钢筋屈服强度和抗拉强度进行检测。

5) 加载装置

进行弯矩加载时,采用四点加载的方式,在预制板底部设置简支边界,通过分配梁在试件中部形成纯弯区,纯弯区范围为两个加载点之间,加载点与支点的间距为 550mm,如图 2-34、图 2-35 所示。

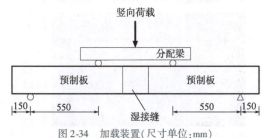

图 2-34　加载装置(尺寸单位:mm)

图 2-35　测试现场

试验具体加载流程见表2-5。

试验加载顺序表　　　　表2-5

序号	试验项目	试验内容
1	预压/拉	以2kN为单位逐级加载至10kN,然后卸载至0,重复2次
2	正式加载	0~0.3倍预估破坏荷载区间,以0.1倍计算破坏荷载逐级加载,每级荷载后持荷2min,进行1次数据采集
		0.3~0.5倍预估破坏荷载区间,以0.05倍计算破坏荷载逐级加载,每级荷载后持荷2min,进行1次数据采集
		荷载加至0.5倍预估破坏荷载后,以位移控制加载,每级荷载增量0.1mm

以通长钢筋双筋截面估算截面试件的抗拉和抗弯承载力的一半作为接缝试件的预估破坏荷载。

2.3.2 裂缝发展及破坏模式

接缝在承受弯矩荷载作用时,存在两种典型的破坏状态,一种是受拉区钢筋屈服,受压区混凝土压溃,一种是受拉区接缝内部混凝土破坏,受拉区失效。

B8-1A试件的破坏为第一种破坏状态,图2-36所示为B8-1A试件在加载过程中的裂缝发展情况,由于新老混凝土的黏结强度低于母材,在较小的弯矩荷载作用下,受拉区的两个界面首先形成裂缝,靠近回转式钢筋数量少的一侧的截面裂缝发展较快,随着荷载的增加,接缝内部也出现竖向裂缝和斜向裂缝,并向受压区逐渐延伸,接近极限状态时,在受压区形成横向裂缝,直至受压区混凝土压溃,试件破坏。

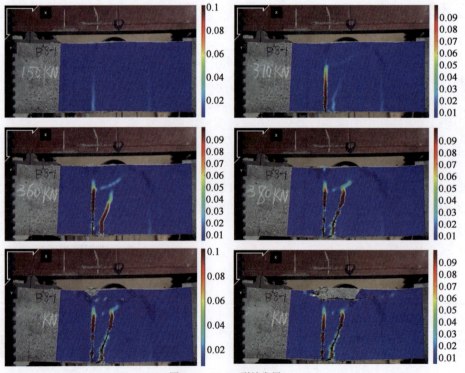

图2-36　B8-1A裂缝发展

图 2-37 所示为回转式钢筋接缝受弯试件承受弯矩荷载的典型裂缝模式,混凝土受压侧外表面混凝土压溃,如图 2-37a)所示,混凝土受拉侧外表面的裂缝分布与轴拉试件相似,如图 2-37b)所示,从接缝侧面裂缝分布图可以看出,在接缝界面处和接缝内部均形成竖向裂缝,主裂缝为界面处的裂缝。

a)受压侧混凝土

b)受拉侧混凝土

c)侧面混凝土

图 2-37 B8-1A 接缝受弯破坏状态

B7-2B 试件的破坏为第二种破坏状态,图 2-38 所示为 B7-2B 试件在加载过程中的裂缝发展情况,首先在受拉区界面处形成竖向裂缝,接着在接缝内部形成竖向裂缝并逐渐向上发展,随着荷载的增加,接缝内部产生新的裂缝,受拉区高度逐渐增加直至试件失效,破坏时受拉区混凝土并未压溃。

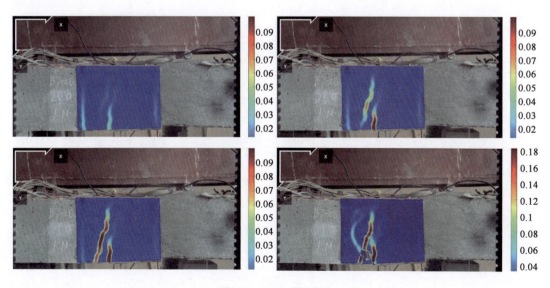

图 2-38 B7-2B 裂缝发展

图 2-39 所示为回转式钢筋接缝受弯试件承受弯矩荷载的典型裂缝模式,混凝土受压侧外表面混凝土并未压溃,如图 2-39a)所示,混凝土受拉侧外表面的裂缝分布与轴拉试件相似,如图 2-39b)所示,从接缝侧面裂缝分布图可以看出,在接缝界面处和接缝内部均形成竖向裂缝,主裂缝为界面处的裂缝。

a)受压侧混凝土　　　　　　　　　　b)受拉侧混凝土

c)侧面混凝土

图 2-39　B9-1B 接缝受拉区内部

将 B9-1B 试件受拉区的混凝土保护层剥开,如图 2-40 所示,可以看到受弯试件的受拉区接缝内部裂缝分布情况与接缝承受轴拉荷载时一致,而且可以看出,回转式钢筋之间除了对角裂缝,还有一些角度更缓的裂缝,混凝土的开裂模式类似于回转式钢筋之间的混凝土短柱受压。

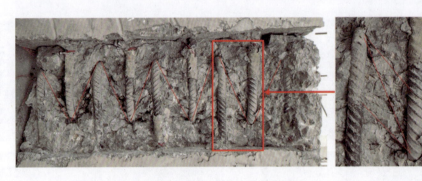

图 2-40　B9-1B 接缝受拉区内部

2.3.3　加载过程受力特性测试

1)荷载—位移曲线

图 2-41a)所示是 B7-1、B7-2A、B8-1A、B9-1A 试验组试件的荷载—位移曲线,由结果可

知,三组回转式钢筋试件的破坏均表现出明显的延性特征,且与通长钢筋试件的抗弯承载能力相近。

图2-41b)所示是B7-1、B7-2B、B8-1B、B9-1B试验组试件的荷载—位移曲线,由结果可知,B9-1B试件的破坏表现出明显的延性特征,且与通长钢筋试件的抗弯承载能力相近,B7-2B与B8-1B试件的承载能力和变形能力明显低于通长钢筋试件。

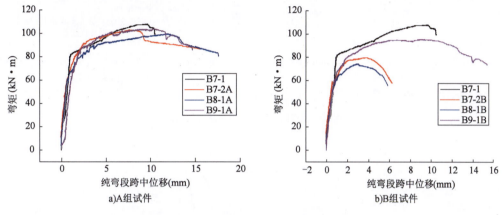

图2-41 受弯试件荷载—位移曲线

对比B7-2B和B8-1B的荷载—位移曲线,可以看到随着回转式钢筋间距的增加,结构的抗弯承载能力降低,如图2-42所示。对比B7-2B和B9-1B的荷载—位移曲线,可以看到随着回转式钢筋重合长度的增加,结构的抗弯承载能力提高,如图2-43所示。这与接缝受拉承力随回转式钢筋间距和重合长度的变化规律一致。

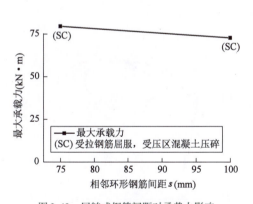

图2-42 回转式钢筋间距对承载力影响

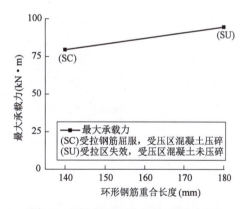

图2-43 回转式钢筋重合长度对承载力影响

图2-44所示为不同构造下横向钢筋对接缝承载力的影响,可见承载力随着横向钢筋面积的增加而增加。

2)荷载—应变曲线

图2-45、图2-46所示是接缝内部破坏试件弯矩加载过程中回转式钢筋的荷载—应变曲线,其中B7-2A试件的破坏状态为下层钢筋屈服,混凝土压溃,B7-2B试件的破坏状态为受拉区混凝土失效,受压区混凝土未压溃。

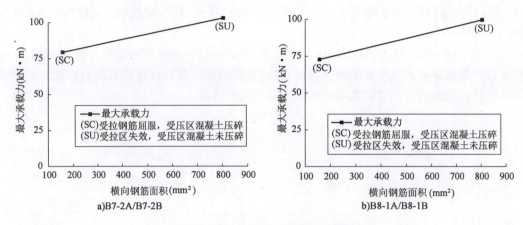

图2-44 横向钢筋面积对承载力的影响

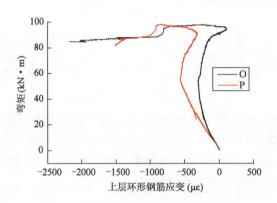

图2-45 B7-2A 回转式钢筋荷载—应变曲线

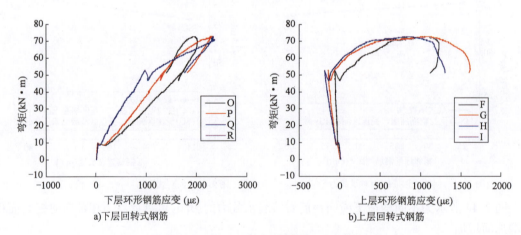

图2-46 B7-2B 回转式钢筋荷载—应变曲线

对于B7-2A试件，随着荷载的增加，上层回转式钢筋的压应变先增加后减小，当施加的力矩接近极限承载力时，上层回转式钢筋处于受压状态。

对于B7-2B试件，随着荷载的增加，下层回转式钢筋受拉，拉应变随荷载呈正相关变化，极限状态时下层回转式钢筋并未进入屈服，上层回转式钢筋在加载初期受压，随着荷载的增加，压应变先增加后减小,随着试件受拉区的提高,上层回转式钢筋逐渐变为受拉状态,极限状态下,上下层钢筋全部受拉,下层钢筋的拉力大于上层钢筋。

图 2-47 所示是弯矩加载过程中横向钢筋的荷载—应变曲线。可以看到,横向钢筋存在受压和受拉两种状态,这是由于接缝内的横向钢筋存在局部弯曲作用,极限状态下,部分测点的横向钢筋受压或受拉屈服。从横向钢筋的应变趋势看,当荷载达到 0.4~0.5 倍的极限荷载时,横向钢筋的应变产生明显的转折,此时接缝内部开始出现裂缝。同时可以看出受弯试件内的横向钢筋受力状态与受拉试件类似。

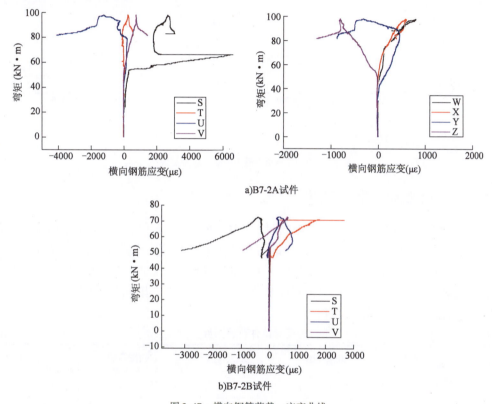

图 2-47 横向钢筋荷载—应变曲线

图 2-48 所示为界面处混凝土的荷载—应变曲线,可以看出试件的开裂荷载较小,开裂应变在 0.0001~0.0002。受拉区界面处的 con-5 为靠近回转式钢筋数量少一侧的应变片,con-4 为靠近回转式钢筋数量多一侧的应变片,从两个方向的应变片的荷载—应变曲线可知,在受拉时,回转式钢筋少的一侧的界面率先开裂,且裂缝的发展速度快于回转式钢筋多的一侧,这与轴拉荷载作用下截面应变片的荷载—应变曲线规律相似。

图 2-49 所示为受压区表面混凝土的荷载—应变曲线,可用于判别受压区混凝土的受力状态,图 2-49a) 为 B7-2A 试件的荷载—应变曲线,可

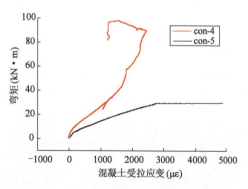

图 2-48 B7-2A 试件界面混凝土荷载—应变曲线

以看出con-7应变片在受压过程中失效,失效时混凝土应变约为5500$\mu\varepsilon$,con-8在达到最大承载力时的压应变约为6000$\mu\varepsilon$,均已接近混凝土的极限应变,受压侧混凝土随着荷载的增加由弹性进入塑性,直至压溃。图2-49b)为B8-1B试件的荷载—应变曲线,达到最大承载力时混凝土的压应变约为1500$\mu\varepsilon$,明显小于混凝土的极限应变,此时混凝土虽已进入塑性,但并未压溃。

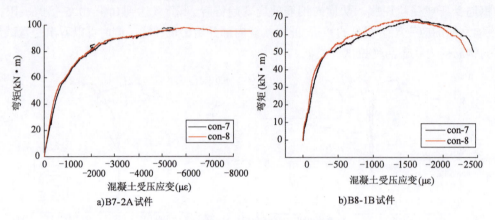

a) B7-2A试件　　　　　b) B8-1B试件

图2-49　受压缘混凝土荷载—应变曲线

2.3.4　极限承载能力结果

对试件的几种荷载强度和位移进行统计,见表2-6,开裂荷载为核心混凝土内部出现第一道裂缝时的轴拉荷载,屈服荷载为回转式钢筋开始屈服时的轴拉荷载,最大荷载为试件能承受的最大轴拉荷载,极限荷载为试件承载力下降段85%最大荷载时的轴拉荷载,与荷载强度对应有屈服荷载位移、最大荷载位移、极限荷载位移。可以看出三组试件的承载力及变形能力相近,说明三组试件的破坏机理相同。

受弯试件荷载强度　　表2-6

试件	失效模式	开裂荷载 M_{cr}	屈服荷载 M_y	δ_{py}	最大荷载 M_{max}	δ_{pmax}	极限荷载 M_u	δ_{pu}	M_{cr}/M_{max}	延性系数 δ_{pu}/δ_{py}
B7-1	SC	—	75.8	1.01	101.4	9.53	86.19	10.49	—	10.4
B7-2A	SC	43.0	91.5	2.5	103.1	7.67	87.6	14.07	0.42	5.6
B7-2B	SU	47.6	77.0	2.07	79.5	3.85	67.58	5.58	0.60	2.7
B8-1A	SC	55.3	89.4	3.62	99.6	11.91	84.7	16.58	0.56	4.6
B8-1B	SU	—	65.1	1.22	72.8	2.98	61.88	5.50	—	4.5
B9-1A	SC	46.2	89.3	2.8	104.3	10.36	88.7	14.08	0.44	5.0
B9-1B	SC	53.2	79.9	1.95	94.6	8.87	80.41	13.87	0.56	7.1

注:SC—受拉钢筋屈服,受压区混凝土压溃;SU—受拉区失效,受拉钢筋未屈服,受压区混凝土未压溃。

可以发现受拉区第一道对角裂缝出现时的荷载为0.4~0.6倍的最大荷载,破坏形式为回转式钢筋屈服时结构的延性较好,接缝内部破坏时也具一定的延性。

2.3.5 抗弯试验分析小结

对回转式钢筋接缝在弯矩荷载作用下的力学性能进行试验研究,试验共包含7个试件,主要参数有回转式钢筋横向间距、回转式钢筋中心重合长度,对结构的破坏过程、破坏状态、承载力和延性进行分析,明确构造参数对回转式钢筋接缝受力性能的影响,并与同构造的承受轴拉荷载的试件进行对比,主要结论如下:

(1)试验试件存在两种破坏状态,一种破坏形式为回转式钢筋屈服,受压混凝土压溃,另一种破坏形式是受拉区失效,回转式钢筋未屈服,受压区混凝土未压溃。说明通过合理的接缝构造,可以保证回转式钢筋接缝的承载能力。

(2)受弯破坏接缝的开裂发展情况:首先在受拉区新老混凝土界面开裂,靠近回转式钢筋数量少的一侧界面开裂更早,且裂缝的发展速度更快。随着荷载的增加,接缝内部也出现竖向裂缝和斜向裂缝并向受压区逐渐延伸,受拉区第一道对角裂缝出现时的荷载为 0.4~0.6 倍的最大荷载,接近极限状态时,在受压区形成横向裂缝,直至试件破坏,此时受压区混凝土可能有压溃和未压溃两种状态。混凝土受拉侧外表面的裂缝分布与轴拉试件相似,说明在承受弯矩作用时,受拉区的受力与承受轴拉荷载相似,回转式钢筋之间除了对角裂缝,还有一些角度更缓的裂缝,混凝土的开裂模式类似于回转式钢筋之间的混凝土短柱受压。

(3)两种破坏状态下回转式钢筋的应力分布不同,第一种破坏状态在极限状态下,下层回转式钢筋受拉屈服,上层回转式钢筋的受压。第二种破坏状态在极限状态时下层回转式钢筋并未进入屈服,上层回转式钢筋也为受拉状态,即极限状态下上下层钢筋全部受拉,下层钢筋的拉力大于上层钢筋。接缝受弯时受拉区横向钢筋的受力状态与轴拉荷载下相似。

2.4 抗弯剪试验研究

2.4.1 试验方案设计与参数选择

1)试件设计

考虑桥面板及 T 梁、小箱梁结构在实际运营过程中,在湿接缝位置可能直接承担车轮传递来的荷载效应,在车轮作用下接缝位置一般会处于受弯和受剪同时存在的状态。在弯剪共同作用下接缝的承载能力特性可能会与轴拉或纯弯状态存在一定的差别。为了检验回转式钢筋湿接缝在车轮作用下处于弯剪状态时的受力性能,本次研究开展了回转式钢筋湿接缝弯剪性能试验,对其弯剪状态下的承载能力进行检验,并研究回转式钢筋接缝弯剪状态的破坏模式。

结合前期研究的理论分析结果表明,回转式钢筋接缝在弯剪状态的作用下,试件的破坏形式基本表现为受弯破坏,剪切破坏发生在受弯破坏之后。因此,本次试验的弯剪试验采用验证性试验的思路完成,针对回转接缝在桥梁工程中可能用到的主要场景,分别对其在弯剪状态下的受力特性进行研究,主要考虑组合梁、桩板式道路结构的横桥向湿接缝结构,T 梁桥的纵向湿接缝结构,小箱梁桥的纵向湿接缝结构三种典型的应用场景,具体如下:

（1）钢混组合梁、桩板式道路结构的横向湿接缝

目前公路桥梁结构中主要应用横向湿接缝的结构主要包括钢混组合梁桥、桩板式道路结构为典型代表，面板的厚度一般为220～260mm为主，纵向钢筋主筋一般为18～25mm，接缝的宽度在工业化建造技术提升情况下，一般可优化至300mm。

（2）T梁桥纵向湿接缝

目前常用的标准图中，T梁桥的湿接缝宽度主要为300～800mm，以500mm为典型代表，T梁桥的翼缘厚度一般为160mm，钢筋直径为16mm。

（3）小箱梁纵向湿接缝

目前常用标准图中，小箱梁的湿接缝宽度基本控制在500～1000mm，多实用宽度为500～800mm，翼缘厚度一般为180mm，钢筋直径一般为16mm。

根据上述常见的应用场景的分析，本次弯剪试验的试件具体分组见表2-7。

弯剪试验分组情况　　　　　　　表2-7

试件编号	试件数量	试件厚度（mm）	缝宽（mm）	同侧纵筋间距（mm）	纵筋直径（mm）	重合长度（mm）	横筋布置	备注
S1	1	220	250	150	20	180	4×16	单环
S2	1	160	500	100	16	200	4×16	单环
S3	1	180	700	100	16	200	4×16	双环对中
S4	1	180	700	100	16	200	4×16	双环焊接
S5	1	220	210	150	20	140	2×16	单环

图2-50、图2-51所示是试件的构造尺寸及配筋示意图。预制板及接缝的混凝土材料均采用C50混凝土，配筋全部采用HRB400钢筋。为保证横向钢筋的有效锚固，横向钢筋均做成封闭的环形。预制板长度为900mm，接缝的宽度比重合长度大70mm，以保证接缝内钢筋的保护层厚度。

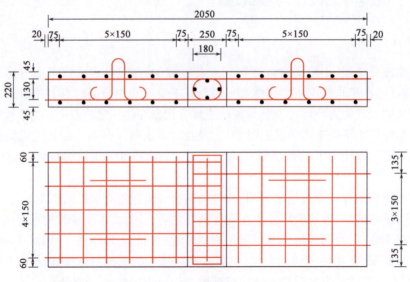

图2-50　S1试件构造示意图（尺寸单位：mm）

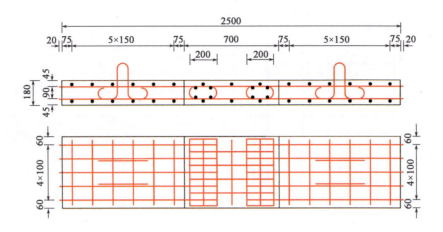

图 2-51 S3 试件构造示意图(尺寸单位:mm)

2)测试内容

(1)强度和刚度

得到结构在弯剪荷载作用下的荷载—位移曲线,重点关注开裂荷载—开裂荷载位移、屈服荷载—屈服荷载位移、极限荷载—极限荷载位移。

得到受压区、受拉区钢筋和混凝土荷载—应变曲线,结合观察现象判断试件的状态。

(2)延性

延性系数 = 极限荷载位移/屈服荷载位移。

(3)开裂和破坏模式

加载过程中的开裂顺序和裂缝发展趋势;试件失效时受压区混凝土、受拉区钢筋和混凝土的形态。

3)测点布置

为明确荷载作用下钢筋和混凝土的受力情况,对钢筋进行应变测量,在受压区、受拉区以及试件侧面布置混凝土应变片,观察混凝土的受压以及开裂情况,在接缝中部以及加载端布置位移计,测量加载过程中试件的位移变化。

对于回转式钢筋接缝试件,在回转式钢筋的直线部分布置钢筋应变片,对于缝宽为250mm、500mm、700mm 的试件,纵向上在其接缝界面位置和接缝内部分别布置应变片,测点布置如图 2-52 所示。

在接缝内横向钢筋上布置应变片,对于竖向放置的横向钢筋,应变片布置在相邻回转式钢筋之间,对于水平放置的横向钢筋,应变片布置在横向钢筋与回转式钢筋相交的位置,测点布置图如图 2-53 所示。

混凝土上表面应变片布置在试件受压区中部,混凝土下表面应变片布置在试件接缝中部和加载端正下方,混凝土侧面应变片布置在接缝侧面以及加载端混凝土侧面,位移计在纵向上布置 2 排,分别位于试件接缝中部和加载端正下方。如图 2-54 ~ 图 2-57 所示。

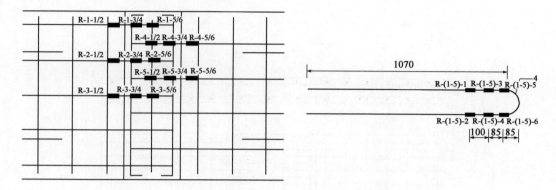

图 2-52　S1 试件回转式钢筋应变片布置示意图(尺寸单位:mm)

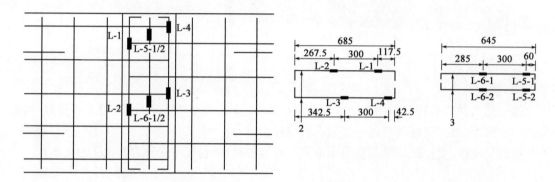

图 2-53　S1 试件横向钢筋应变片布置示意图(尺寸单位:mm)

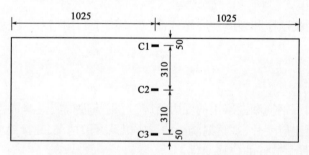

图 2-54　S1 试件混凝土顶面应变片布置示意图(尺寸单位:mm)

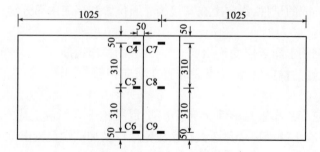

图 2-55　S1 试件混凝土底面应变片布置示意图(尺寸单位:mm)

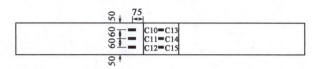

图 2-56　S1 试件混凝土侧面应变片布置示意图(尺寸单位:mm)

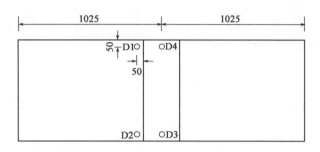

图 2-57　S1 试件位移计布置示意图(尺寸单位:mm)

试件制作及应变片粘贴流程如下：
(1) 首先进行钢筋绑扎,如图 2-58 所示。

图 2-58　试件钢筋绑扎

(2) 对回转式钢筋及横向钢筋进行打磨贴片,涂抹环氧,如图 2-59 所示。

图 2-59

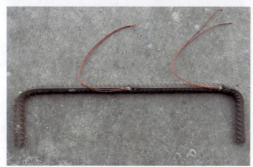

图 2-59　回转式钢筋及横向钢筋应变片布置

（3）进行预制板混凝土的浇筑、养护以及交界面凿毛，如图 2-60 所示。

图 2-60　试件预制板制作

（4）绑扎接缝处钢筋，浇筑接缝混凝土并养护，如图 2-61 所示。

图 2-61　试件接缝制作

4)材性试验

(1)混凝土

预制构件及湿接缝在浇筑时,预留同条件养护试块 9 组,为尺寸 150mm×150mm×150mm 的标准立方体试块,在试验加载当日进行试块抗压强度测试。

(2)钢筋

对回转式钢筋和横向钢筋屈服强度和极限强度进行材料性能检测。

5)加载装置

进行弯剪荷载加载时,采用三点加载的方式,在预制板底部设置简支边界,将钢垫板放置在靠近接缝位置处,在垫板上通过千斤顶对试件施加竖向荷载,在施加竖向荷载的过程中采用分级加载的方法进行,直至试件破坏,如图 2-62、图 2-63 所示。

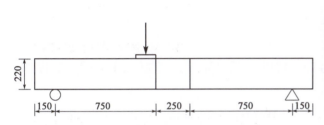

图 2-62 试件加载示意图(尺寸单位:mm)   图 2-63 试件加载测试现场

试验具体加载流程见表 2-8。

弯剪试验加载顺序表   表 2-8

序号	试验项目	试验内容
1	预加载	以 2kN 为单位逐级加载至 10kN,然后卸载至 0,重复 2 次
2	正式加载	0~0.3 倍预估破坏荷载区间,以 0.1 倍计算破坏荷载逐级加载,每级荷载后持荷 2min,进行 1 次数据采集
		0.3~0.5 倍预估破坏荷载区间,以 0.05 倍计算破坏荷载逐级加载,每级荷载后持荷 2min,进行 1 次数据采集
		荷载加至 0.5 倍预估破坏荷载后,以位移控制加载,每级荷载增量 0.1mm

预估破坏荷载采用通长钢筋双筋截面估算截面试件的抗弯承载力的一半,并结合有限元模型计算结果作为接缝试件的预估破坏荷载。

2.4.2 极限破坏模式与规律

1)材料数据

对试件的接缝混凝土及钢筋材性进行测量,得到 9 个 150mm×150mm×150mm 试块的立方体抗压强度分别为 55.0MPa、53.5MPa、62.4MPa、54.3MPa、57.9MPa、67.4MPa、56.6MPa、53.7MPa、60.1MPa,取试块立方体抗压强度的均值 57.9MPa 作为试件的立方体抗压强度值。钢筋屈服强度约为 400MPa,抗拉极限强度约为 520～540MPa,如图 2-64 所示。

图 2-64　立方体强度测试

2) 破坏模式

如图 2-65、图 2-66 所示,分别为 S1 试件的裂缝发展过程图、初始裂缝图、发展完全的裂缝图以及极限破坏模式特征图。

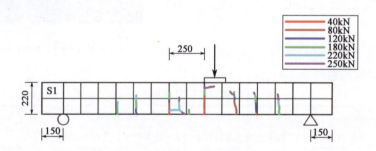

图 2-65　S1 试件裂缝发展图(尺寸单位:mm)

图　2-66

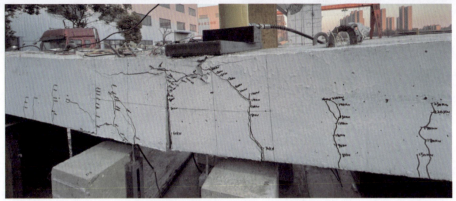

图 2-66　S1 试件裂缝发展及破坏模式

如图 2-67、图 2-68 所示，分别为 S2 试件的裂缝发展过程图、初始裂缝图、发展完全的裂缝图以及极限破坏模式特征图。

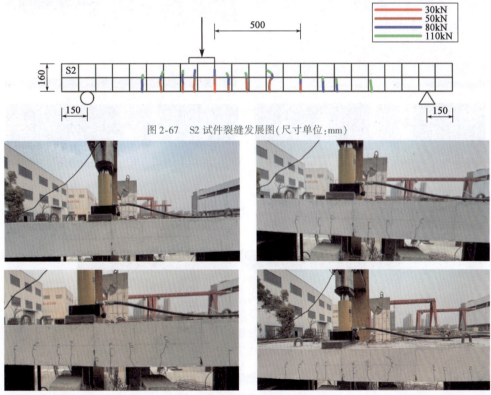

图 2-67　S2 试件裂缝发展图（尺寸单位：mm）

图 2-68

图 2-68　S2 试件裂缝发展及破坏模式

如图 2-69、图 2-70 所示,分别为 S3 试件的裂缝发展过程图、初始裂缝图、发展完全的裂缝图以及极限破坏模式特征图。

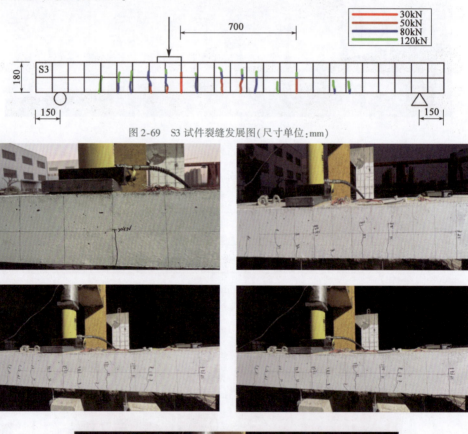

图 2-69　S3 试件裂缝发展图(尺寸单位:mm)

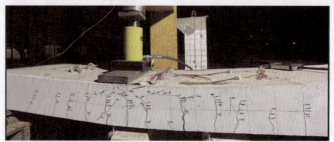

图 2-70　S3 试件裂缝发展及破坏模式

如图 2-71、图 2-72 所示,分别为 S4 试件的裂缝发展过程图、初始裂缝图、发展完全的裂缝图以及极限破坏模式特征图。

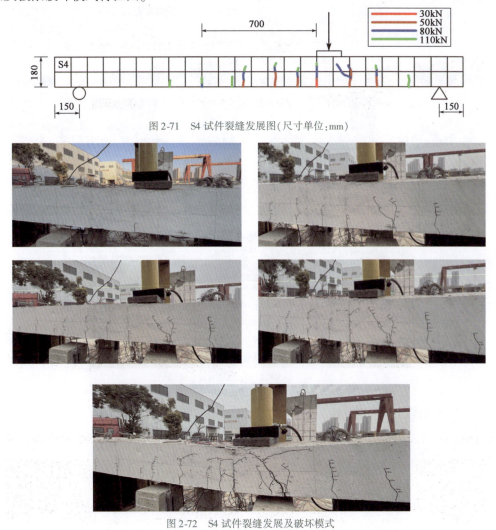

图 2-71　S4 试件裂缝发展图(尺寸单位:mm)

图 2-72　S4 试件裂缝发展及破坏模式

如图 2-73、图 2-74 所示,分别为 S5 试件的裂缝发展过程图、初始裂缝图、发展完全的裂缝图以及极限破坏模式特征图。

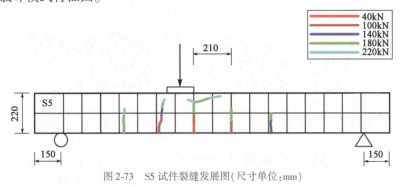

图 2-73　S5 试件裂缝发展图(尺寸单位:mm)

图 2-74 S5 试件裂缝发展及破坏模式

2.4.3 加载过程受力特性测试

1) 钢筋应力状态

(1) S1 试件

图 2-75、图 2-76 分别为 S1 试件湿接缝内、外回转式纵向受拉钢筋应变曲线,包括上、下两层。

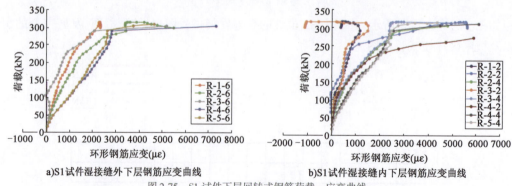

a) S1 试件湿接缝外下层钢筋应变曲线 b) S1 试件湿接缝内下层钢筋应变曲线

图 2-75 S1 试件下层回转式钢筋荷载—应变曲线

①分析 S1 试件湿接缝外、内下层回转式钢筋应变曲线,如图 2-75 所示,在试件弯剪荷载作用区域,随着荷载的增加,在 40kN 荷载作用下,湿接缝外、内下层钢筋荷载—应变曲线斜率

出现显著变化,钢筋拉应变开始迅速增加,这表明在该荷载水平下结构出现开裂;从钢筋荷载—应变曲线的斜率来看,靠近加载端的钢筋拉应变增加的速度快于湿接缝另一侧的钢筋;随后,在 250~300kN 荷载作用下,下层钢筋的拉应变逐渐超过屈服应变,该荷载水平下下层钢筋进入屈服状态;之后,随着下层钢筋进入屈服状态,试件顶部出现混凝土压溃,结构随着荷载的缓慢增加进入极限状态。从图 2-75 中可以看出,位于最外侧的下层回转式钢筋在极限状态时拉应变最小,并且靠近湿接缝交界面的钢筋拉应变增加的速率快于湿接缝内部的钢筋应变增加的速率。

② 分析试件湿接缝外、内上层钢筋应变曲线,如图 2-76 所示,在试件弯剪荷载作用区域,随着荷载的增加,上层钢筋基本处于先受压再受拉的应力状态,靠近加载端的钢筋拉应变由负转正的速率远快于湿接缝另一侧的钢筋,并在 250~300kN 荷载作用下,钢筋的拉应变快速增加,逐渐超过屈服应变;位于湿接缝另一侧的钢筋在 250~300kN 荷载作用下,钢筋的拉应变由负逐渐转为正,意味着结构的受力体系发生了转变。从图 2-76 中可以看出,靠近湿接缝交界面的钢筋拉应变增加的速率快于湿接缝内部的钢筋应变增加的速率。

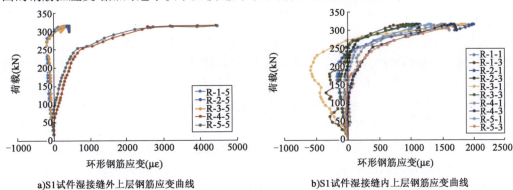

a)S1试件湿接缝外上层钢筋应变曲线　　b)S1试件湿接缝内上层钢筋应变曲线

图 2-76　S1 试件上层回转式钢筋荷载—应变曲线

③ 分析试件横向钢筋应变曲线,如图 2-77 所示,横向钢筋的应力出现拉应力与压应力两种状态,这是由于接缝内的横向钢筋存在局部弯曲作用。在荷载加载开始后,横向钢筋应变在初始加载阶段增长缓慢,这是由于湿接缝内部没有形成裂缝。随着荷载的进一步增加,接缝内部裂缝形成,横向钢筋的应变明显增加,可以通过横向钢筋的应变变化判别湿接缝内部出现裂缝的时机。随着荷载的增加,极限状态下,部分测点的横向钢筋出现受压或受拉屈服。从横向钢筋的应变趋势来看,当荷载达到 0.4~0.5 倍极限荷载时,横向钢筋的应变发生明显的转折,此时接缝内部开始出现裂缝。

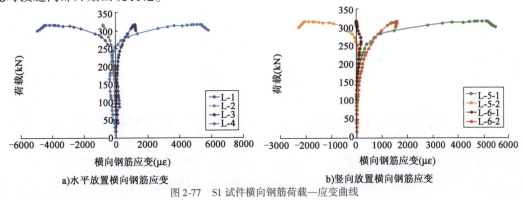

a)水平放置横向钢筋应变　　b)竖向放置横向钢筋应变

图 2-77　S1 试件横向钢筋荷载—应变曲线

(2) S2试件

图2-78、图2-79分别为S2试件湿接缝内、外回转式纵向受拉钢筋应变曲线,包括上、下两层。

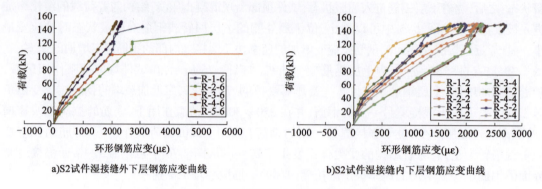

a) S2试件湿接缝外下层钢筋应变曲线　　　　b) S2试件湿接缝内下层钢筋应变曲线

图2-78　S2试件下层回转式钢筋荷载—应变曲线

①分析S2试件湿接缝外、内下层回转式钢筋应变曲线,如图2-78所示,在试件弯剪荷载作用区域,随着荷载的增加,在30kN荷载作用下,湿接缝外、内下层钢筋荷载—应变曲线斜率出现显著变化,钢筋拉应变开始迅速增加,这表明在该荷载水平下结构出现开裂;从钢筋荷载—应变曲线的斜率来看,靠近加载端的钢筋拉应变增加的速度快于湿接缝另一侧的钢筋;随后,在110~140kN荷载作用下,多数下层钢筋的拉应变逐渐超过屈服应变,该荷载水平下下层钢筋进入屈服状态;之后,随着下层钢筋进入屈服状态,试件顶部出现混凝土压溃,结构随着荷载的缓慢增加进入极限状态。从图2-78中可以看出,位于最外侧的下层回转式钢筋在极限状态时拉应变最小,并且靠近湿接缝交界面的钢筋拉应变增加的速率快于湿接缝内部的钢筋应变增加的速率。

②分析试件湿接缝外、内上层钢筋应变曲线,如图2-79所示,在试件弯剪荷载作用区域,随着荷载的增加,上层钢筋基本处于先受压再受拉的应力状态,靠近加载端的钢筋拉应变由负转正的速率远快于湿接缝另一侧的钢筋,并在110~140kN荷载作用下,钢筋的拉应变快速增加,逐渐超过屈服应变;位于湿接缝另一侧的钢筋在110~140kN荷载作用下,钢筋的拉应变由负逐渐转为正,意味着结构的受力体系发生了转变。从图中可以看出,靠近湿接缝交界面的钢筋拉应变增加的速率快于湿接缝内部的钢筋应变增加的速率。

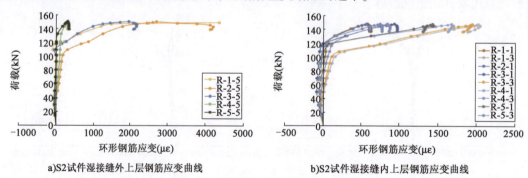

a) S2试件湿接缝外上层钢筋应变曲线　　　　b) S2试件湿接缝内上层钢筋应变曲线

图2-79　S2试件上层回转式钢筋荷载—应变曲线

③分析试件横向钢筋应变曲线,如图 2-80 所示,横向钢筋的应力出现拉应力与压应力两种状态,这是由于接缝内的横向钢筋存在局部弯曲作用。在荷载加载开始后,横向钢筋应变在初始加载阶段增长缓慢,这是由于湿接缝内部没有形成裂缝。随着荷载的进一步增加,接缝内部裂缝形成,横向钢筋的应变明显增加,可以通过横向钢筋的应变变化判别湿接缝内部出现裂缝的时机。随着荷载的增加,极限状态下,部分测点的横向钢筋出现受压或受拉屈服。从横向钢筋的应变趋势来看,当荷载达到 0.4~0.5 倍极限荷载时,横向钢筋的应变发生明显的转折,此时接缝内部开始出现裂缝。

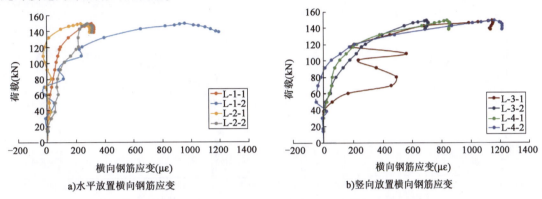

图 2-80　S2 试件横向钢筋荷载—应变曲线

(3) S3 试件

图 2-81、图 2-82 分别为 S3 试件湿接缝内、外回转式纵向受拉钢筋应变曲线,包括上、下两层。

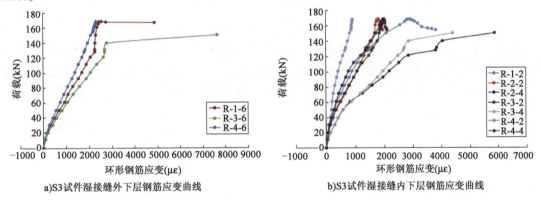

图 2-81　S3 试件下层回转式钢筋荷载—应变曲线

①分析 S3 试件湿接缝外、内下层回转式钢筋应变曲线,如图 2-81 所示,在试件弯剪荷载作用区域,随着荷载的增加,在 30kN 荷载作用下,湿接缝外、内下层钢筋荷载—应变曲线斜率出现显著变化,钢筋拉应变开始迅速增加,这表明在该荷载水平下结构出现开裂;从钢筋荷载—应变曲线的斜率来看,靠近加载端的钢筋拉应变增加的速度快于湿接缝另一侧的钢筋;随后,在 120~150kN 荷载作用下,多数下层钢筋的拉应变逐渐超过屈服应变,该荷载水平下下层钢筋进入屈服状态;之后,随着下层钢筋进入屈服状态,试件顶部出现混凝土压溃,结构随着荷载的缓慢增加进入极限状态。从图 2-81 中可以看出,位于最外侧的下层回转式钢筋在极限状态时拉应变最小,

并且靠近湿接缝交界面的钢筋拉应变增加的速率快于湿接缝内部的钢筋应变增加的速率。

②分析试件湿接缝外、内上层钢筋应变曲线,如图 2-82 所示,在试件弯剪荷载作用区域,随着荷载的增加,上层钢筋基本处于先受压再受拉的应力状态,靠近加载端的钢筋拉应变由负转正的速率远快于湿接缝另一侧的钢筋,并在 120~150kN 荷载作用下,钢筋的拉应变快速增加,逐渐超过屈服应变;位于湿接缝另一侧的钢筋在 120~150kN 荷载作用下,钢筋的拉应变存在由负逐渐转为正的趋势,但由于试件缝宽过大的原因,位于湿接缝另一侧的钢筋在加载过程中始终处于受压的状态。从图 2-82 中可以看出,靠近湿接缝交界面的钢筋拉应变增加的速率快于湿接缝内部的钢筋应变增加的速率。

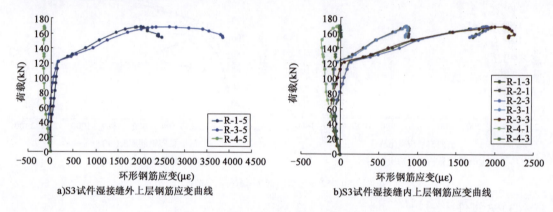

图 2-82　S3 试件上层回转式钢筋荷载—应变曲线

③分析试件双环下层钢筋应变曲线,如图 2-83a)所示,在试件弯剪荷载作用区域,随着荷载的增加,在 40kN 荷载作用下,试件双环下层钢筋荷载—应变曲线斜率出现显著变化,钢筋拉应变开始迅速增加,这表明在该荷载水平下湿接缝内出现竖向裂缝;从钢筋荷载—应变曲线的斜率来看,靠近湿接缝中部的钢筋拉应变增加的速度快于其他钢筋;随后,在 120~150kN 荷载作用下,多数双环下层钢筋的拉应变逐渐超过屈服应变,该荷载水平下下层钢筋进入屈服状态;之后,随着下层钢筋进入屈服状态,试件顶部出现混凝土压溃,结构随着荷载的缓慢增加进入极限状态。

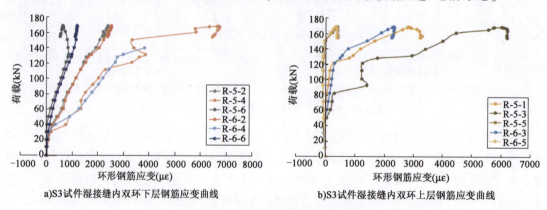

图 2-83　S3 试件双环钢筋荷载—应变曲线

分析试件双环上层钢筋应变曲线,如图 2-83b)所示,在试件弯剪荷载作用区域,随着荷载的增加,上层钢筋基本处于先受压再受拉的应力状态,靠近加载端的钢筋拉应变由负转正的速率远快于湿接缝另一侧的钢筋,并在 120~150kN 荷载作用下,钢筋的拉应变逐渐超过屈服应变;远离加载端的钢筋在 120~150kN 荷载作用下,钢筋的拉应变由负逐渐转为正,意味着结构的受力体系发生了转变。

④分析试件横向钢筋应变曲线,如图 2-84 所示,横向钢筋的应力出现拉应力与压应力两种状态,这是由于接缝内的横向钢筋存在局部弯曲作用。在荷载加载开始后,横向钢筋应变在初始加载阶段增长缓慢,这是由于湿接缝内部没有形成裂缝。随着荷载的进一步增加,接缝内部裂缝形成,横向钢筋的应变明显增加,可以通过横向钢筋的应变变化判别湿接缝内部出现裂缝的时机。随着荷载的增加,极限状态下,部分测点的横向钢筋出现受压或受拉屈服。从横向钢筋的应变趋势来看,当荷载达到 0.4~0.5 倍极限荷载时,横向钢筋的应变发生明显的转折,此时接缝内部开始出现裂缝。

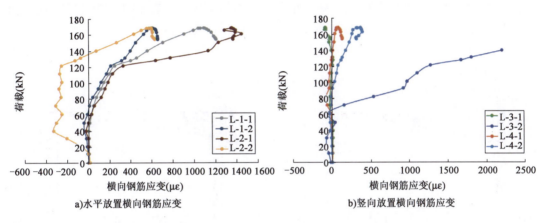

图 2-84 S3 试件横向钢筋荷载—应变曲线

(4) S4 试件

图 2-85、图 2-86 分别为 S4 试件湿接缝内、外回转式纵向受拉钢筋应变曲线,包括上、下两层。

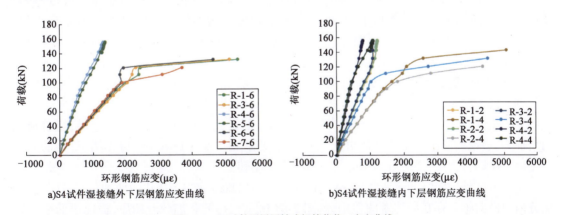

图 2-85 S4 试件下层回转式钢筋荷载—应变曲线

①分析 S4 试件湿接缝外、内下层回转式钢筋应变曲线,如图 2-85 所示,在试件弯剪荷载作用区域,随着荷载的增加,在 30kN 荷载作用下,湿接缝外、内下层钢筋荷载—应变曲线斜率

出现显著变化,钢筋拉应变开始迅速增加,这表明在该荷载水平下结构出现开裂;从钢筋荷载—应变曲线的斜率来看,靠近加载端的钢筋拉应变增加的速度快于湿接缝另一侧的钢筋;随后,在110~140kN荷载作用下,多数下层钢筋的拉应变逐渐超过屈服应变,该荷载水平下下层钢筋进入屈服状态;之后,随着下层钢筋进入屈服状态,试件顶部出现混凝土压溃,结构随着荷载的缓慢增加进入极限状态。从图2-85中可以看出,位于最外侧的下层回转式钢筋在极限状态时拉应变最小,并且靠近湿接缝交界面的钢筋拉应变增加的速率快于湿接缝内部的钢筋应变增加的速率。

②分析试件湿接缝外、内上层钢筋应变曲线,如图2-86所示,在试件弯剪荷载作用区域,随着荷载的增加,上层钢筋基本处于先受压再受拉的应力状态,靠近加载端的钢筋拉应变由负转正的速率远快于湿接缝另一侧的钢筋,并在110~140kN荷载作用下,钢筋的拉应变快速增加,钢筋的拉应变由负逐渐转为正,意味着结构的受力体系发生了转变;位于湿接缝另一侧的钢筋,由于试件缝宽过大的原因,位于湿接缝另一侧的钢筋在加载过程中始终处于受压的状态。从图2-86中可以看出,靠近湿接缝交界面的钢筋拉应变增加的速率快于湿接缝内部的钢筋应变增加的速率。

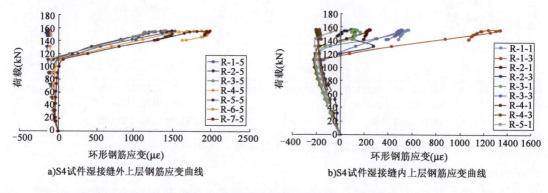

图2-86 S4试件上层回转式钢筋荷载—应变曲线

③分析试件双环下层钢筋应变曲线,如图2-87a)所示,在试件弯剪荷载作用区域,随着荷载的增加,在40kN荷载作用下,试件双环下层钢筋荷载—应变曲线斜率出现显著变化,钢筋拉应变开始迅速增加,这表明在该荷载水平下湿接缝内出现竖向裂缝;随后,在110~140kN荷载作用下,双环下层钢筋的拉应变逐渐超过屈服应变,该荷载水平下下层钢筋进入屈服状态;之后,随着下层钢筋进入屈服状态,试件顶部出现混凝土压溃,结构随着荷载的缓慢增加进入极限状态。

分析试件双环上层钢筋应变曲线,如图2-87b)所示,在试件弯剪荷载作用区域,随着荷载的增加,上层钢筋基本处于先受压再受拉的应力状态,在120~150kN荷载作用下,钢筋的拉应变由负逐渐转为正,意味着结构的受力体系发生了转变。

④分析试件横向钢筋应变曲线,横向钢筋的应力出现拉应力与压应力两种状态,这是由于接缝内的横向钢筋存在局部弯曲作用,如图2-88所示。在荷载加载开始后,横向钢筋应变在初始加载阶段增长缓慢,这是由于湿接缝内部没有形成裂缝。随着荷载的进一步增加,接缝内部裂缝形成,横向钢筋的应变明显增加,可以通过横向钢筋的应变变化判别湿接缝内部出现裂缝的时机。随着荷载的增加,极限状态下,部分测点的横向钢筋出现受压或受拉屈服。从横

向钢筋的应变趋势来看,当荷载达到 0.4~0.5 倍极限荷载时,横向钢筋的应变发生明显的转折,此时接缝内部开始出现裂缝。

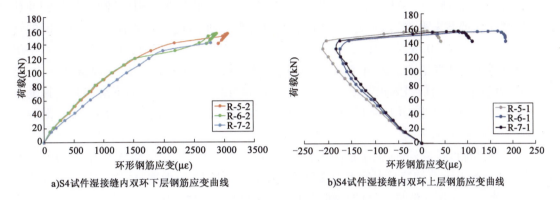

图 2-87　S4 试件双环钢筋荷载—应变曲线

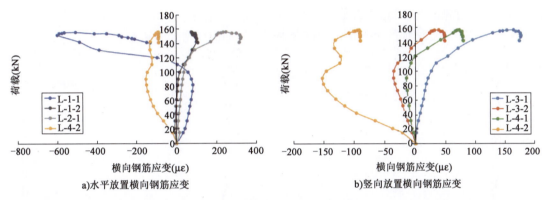

图 2-88　S4 试件横向钢筋荷载—应变曲线

(5) S5 试件

图 2-89、图 2-90 分别为 S5 试件湿接缝内、外回转式纵向受拉钢筋应变曲线,包括上、下两层。

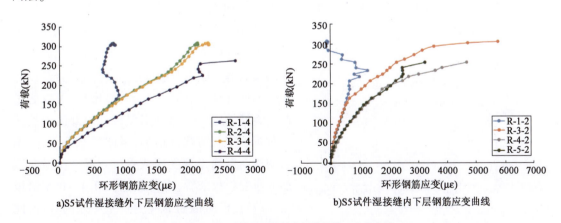

图 2-89　S5 试件下层回转式钢筋荷载—应变曲线

①分析 S5 试件湿接缝外、内下层回转式钢筋应变曲线,如图 2-89 所示,在试件弯剪荷载作用区域,随着荷载的增加,在 40kN 荷载作用下,湿接缝外、内下层钢筋荷载—应变曲线斜率出现显著变化,钢筋拉应变开始迅速增加,这表明在该荷载水平下结构出现开裂;从钢筋荷载—应变曲线的斜率来看,靠近加载端的钢筋拉应变增加的速度快于湿接缝另一侧的钢筋;随后,在 220～300kN 荷载作用下,下层钢筋的拉应变逐渐超过屈服应变,该荷载水平下下层钢筋进入屈服状态;之后,随着下层钢筋进入屈服状态,试件顶部出现混凝土压溃,结构随着荷载的缓慢增加进入极限状态。从图中可以看出,位于最外侧的下层回转式钢筋在极限状态时拉应变最小,并且靠近湿接缝交界面的钢筋拉应变增加的速率快于湿接缝内部的钢筋应变增加的速率。

②分析试件湿接缝外、内上层钢筋应变曲线,如图 2-90 所示,在试件弯剪荷载作用区域,随着荷载的增加,上层钢筋基本处于先受压再受拉的应力状态,靠近加载端的钢筋拉应变由负转正的速率远快于湿接缝另一侧的钢筋,并在 220～300kN 荷载作用下,钢筋的拉应变快速增加,部分钢筋应变超过屈服应变;位于湿接缝另一侧的钢筋在 220～300kN 荷载作用下,钢筋的拉应变由负逐渐转为正,意味着结构的受力体系发生了转变。从图中可以看出,靠近湿接缝交界面的钢筋拉应变增加的速率快于湿接缝内部的钢筋应变增加的速率。

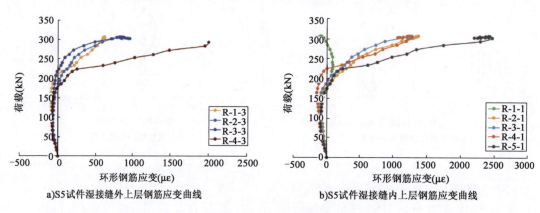

图 2-90 S5 试件上层回转式钢筋荷载—应变曲线

③分析试件横向钢筋应变曲线,如图 2-91 所示,横向钢筋的应力出现拉应力与压应力两种状态,这是由于接缝内的横向钢筋存在局部弯曲作用。在荷载加载开始后,横向钢筋应变在初始加载阶段增长缓慢,这是由于湿接缝内部没有形成裂缝。随着荷载的进一步增加,接缝内部裂缝形成,横向钢筋的应变明显增加,可以通过横向钢筋的应变变化判别湿接缝内部出现裂缝的时机。随着荷载的增加,极限状态下,部分测点的横向钢筋出现受压或受拉屈服。从横向钢筋的应变趋势来看,当荷载达到 0.4～0.5 倍极限荷载时,横向钢筋的应变发生明显的转折,此时接缝内部开始出现裂缝。

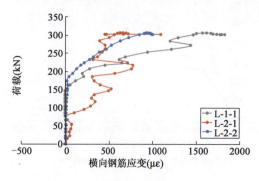

图 2-91 S5 试件横向钢筋荷载—应变曲线

2）混凝土应力状态

（1）S1 试件

如图 2-92 所示，分别为 S1 试件湿接缝顶面受压区混凝土、底面受拉区混凝土、加载端侧面混凝土以及湿接缝侧面混凝土的应变曲线。

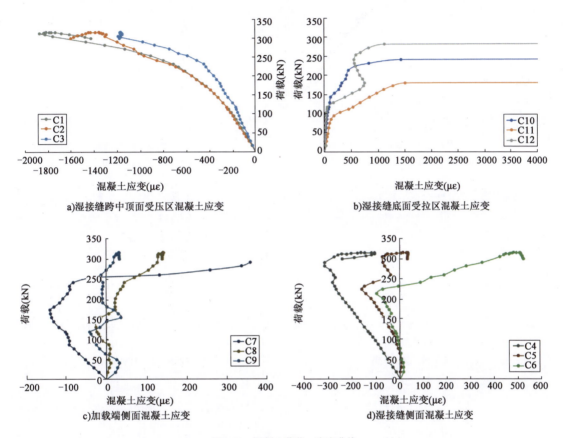

图 2-92　混凝土荷载—应变曲线

对上述荷载—混凝土应变曲线图进行分析：

①分析湿接缝跨中顶面受压区混凝土应变，试件受弯剪荷载作用，湿接缝跨中顶部混凝土始终处于受压的状态，并且在 40kN 及 250kN 荷载水平附近，压应力曲线的斜率出现了明显的改变，这分别代表着试件的开裂荷载及屈服荷载，试验中顶部混凝土的压应变局部达到了混凝土极限压应变而被压溃。

②分析湿接缝跨中底面受拉区混凝土应变，试件受弯剪荷载作用，随着荷载的增加，湿接缝底部相继产生受弯裂缝，从而导致应变数据产生了急剧波动。

③分析加载端及湿接缝侧面混凝土应变，试件受弯剪荷载作用，随着荷载的增加，裂缝持续发展，试件中性轴逐渐上移，其侧面中上侧的混凝土应变变化基本处于先受压再受拉的应力状态，位于最上侧的应变片混凝土受压应变大于其余位置的应变片；而位于最下层的应变片混凝土应变会很快出现受拉状态。

(2) S2 试件

如图 2-93 所示,分别为 S2 试件湿接缝顶面受压区混凝土、加载端及湿接缝侧面混凝土、加载端及湿接缝底面混凝土的应变曲线。

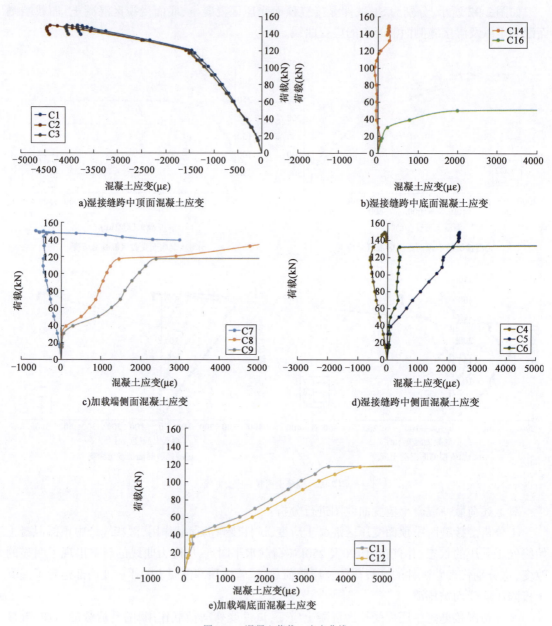

图 2-93 混凝土荷载—应变曲线

对上述荷载—混凝土应变曲线图进行分析:

①分析湿接缝跨中顶面受压区混凝土应变,试件受弯剪荷载作用,湿接缝跨中顶部混凝土始终处于受压的状态,并且在 30kN 及 110kN 荷载水平附近,压应力曲线的斜率出现了明显的改变,这分别代表着试件的开裂荷载及临界荷载,试验中顶部混凝土的压应变局部达到了

混凝土极限压应变而被压溃。

②分析加载端及湿接缝跨中底面受拉区混凝土应变,试件受弯剪荷载作用,随着荷载的增加,湿接缝底部相继产生受弯裂缝,从而导致应变数据产生了急剧波动。

③分析加载端及湿接缝侧面混凝土应变,试件受弯剪荷载作用,随着荷载的增加,裂缝持续发展,试件中性轴逐渐上移,其侧面中上侧的混凝土应变变化基本处于先受压再受拉的应力状态,位于最上侧的应变片混凝土受压应变大于其余位置的应变片;而位于最下层的应变片混凝土应变会很快出现受拉状态,随着裂缝的产生应变数据产生剧烈波动。

(3) S3 试件

如图 2-94 所示,分别为 S3 试件湿接缝顶面受压区混凝土、加载端及湿接缝侧面混凝土、加载端底面混凝土的应变曲线。

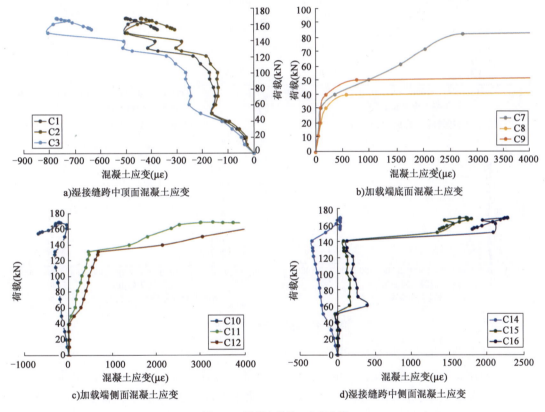

图 2-94 混凝土荷载—应变曲线

对上述荷载—混凝土应变曲线图进行分析:

①分析湿接缝跨中顶面受压区混凝土应变,试件受弯剪荷载作用,湿接缝跨中顶部混凝土始终处于受压的状态,并且在 30kN 及 120kN 荷载水平附近,压应力曲线的斜率出现了明显的改变,这分别代表着试件的开裂荷载及临界荷载,试验中顶部混凝土的压应变局部达到了混凝土极限压应变而被压溃。

②分析加载端底面受拉区混凝土应变,试件受弯剪荷载作用,随着荷载的增加,湿接缝底部相继产生受弯裂缝,从而导致应变数据产生了急剧波动。

③分析加载端及湿接缝侧面混凝土应变,试件受弯剪荷载作用,随着荷载的增加,裂缝持续发展,试件中性轴逐渐上移,其侧面中上侧的混凝土应变变化基本处于先受压再受拉的应力状态,位于最上侧的应变片混凝土受压应变大于其余位置的应变片;而位于最下层的应变片混凝土应变会很快出现受拉状态,随着裂缝的产生应变数据产生剧烈波动。

(4)S4 试件

如图 2-95 所示,分别为 S4 试件湿接缝顶面受压区混凝土、加载端及湿接缝侧面混凝土、底面混凝土的应变曲线。

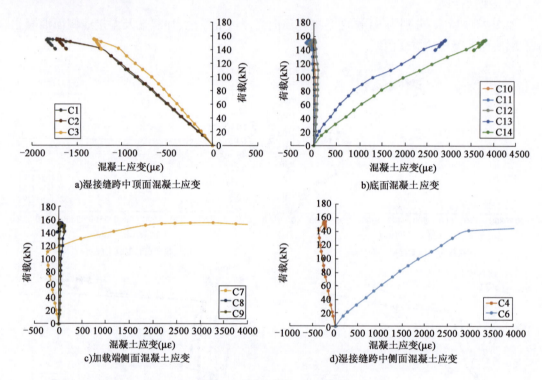

图 2-95　混凝土荷载—应变曲线

对上述荷载—混凝土应变曲线图进行分析:

①分析湿接缝跨中顶面受压区混凝土应变,试件受弯剪荷载作用,湿接缝跨中顶部混凝土始终处于受压的状态,并且在 30kN 及 110kN 荷载水平附近,压应力曲线的斜率出现了明显的改变,这分别代表着试件的开裂荷载及临界荷载,试验中顶部混凝土的压应变局部达到了混凝土极限压应变而被压溃。

②分析底面受拉区混凝土应变,试件受弯剪荷载作用,随着荷载的增加,湿接缝底部持续受到拉应力作用,从而导致应变数据持续增加。

③分析加载端及湿接缝侧面混凝土应变,试件受弯剪荷载作用,随着荷载的增加,裂缝持续发展,试件中性轴逐渐上移,其侧面中上侧的混凝土应变变化基本处于先受压再受拉的应力状态,位于最上侧的应变片混凝土受压应变大于其余位置的应变片;而位于最下层的应变片混凝土应变会很快出现受拉状态,随着裂缝的产生应变数据产生剧烈波动。

(5) S5 试件

如图 2-96 所示,分别为 S5 试件湿接缝顶面受压区混凝土、加载端及湿接缝侧面混凝土、加载端及湿接缝底面混凝土的应变曲线。

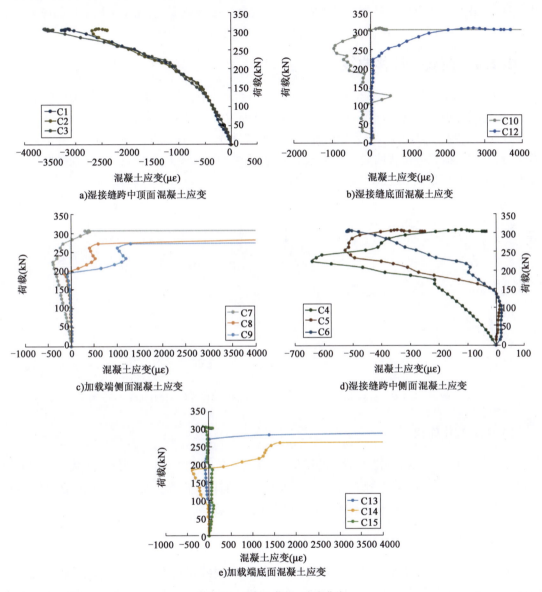

图 2-96 混凝土荷载—应变曲线

对上述荷载—混凝土应变曲线图进行分析:

①分析湿接缝跨中顶面受压区混凝土应变,试件受弯剪荷载作用,湿接缝跨中顶部混凝土始终处于受压的状态,并且在 40kN 及 220kN 荷载水平附近,压应力曲线的斜率出现了明显的改变,这分别代表着试件的开裂荷载及临界荷载,试验中顶部混凝土的压应变局部达到了混凝土极限压应变而被压溃。

②分析加载端及湿接缝底面受拉区混凝土应变,试件受弯剪荷载作用,随着荷载的增加,

湿接缝底部相继产生受弯裂缝,从而导致应变数据产生了急剧波动。

③分析加载端及湿接缝侧面混凝土应变,试件受弯剪荷载作用,随着荷载的增加,裂缝持续发展,试件中性轴逐渐上移,其侧面中上侧的混凝土应变变化基本处于先受压再受拉的应力状态,位于最上侧的应变片混凝土受压应变大于其余位置的应变片;而位于最下层的应变片混凝土应变会很快出现受拉状态,随着裂缝的产生应变数据产生剧烈波动。

2.4.4 荷载—位移曲线

如图 2-97 所示为 S1~S5 五个试件在试验过程中跨中位置处的荷载—竖向位移对比曲线,其中竖轴为加载点处千斤顶的荷载值(kN),横轴为湿接缝试件跨中的竖向位移值(mm)。

根据图 2-97 可知,采用回转式钢筋湿接缝的试件在弯剪荷载作用下 S1~S5 五个试件的力学行为相似,荷载—位移曲线呈现三段式特征:其中 P_{cr} 代表开裂荷载、P_t 代表屈服荷载以及 P_u 代表极限荷载水平,如图 2-98 所示。

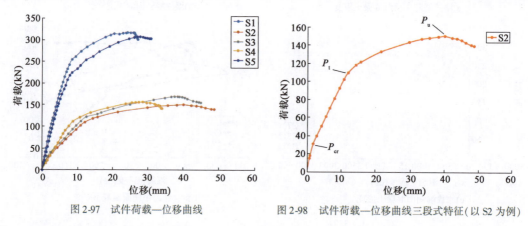

图 2-97 试件荷载—位移曲线　　图 2-98 试件荷载—位移曲线三段式特征(以 S2 为例)

1) 弹性工作阶段

在加载力 $0 \sim P_{cr}$ kN 内,随着荷载的增加,试件跨中位移较小且增长缓慢,荷载—位移曲线表现为一条斜率较大的直线,试件在这个阶段处于弹性工作阶段。对比五个试件的荷载—位移曲线,可以得出试件的开裂荷载水平以及初始抗弯刚度。

2) 带裂缝工作阶段

在加载力 $P_{cr} \sim P_t$ kN 内,混凝土开始开裂,最早的裂缝出现在湿接缝新老混凝土交界面处,竖向裂缝逐渐发展,混凝土内部配筋逐渐开始受力,荷载—位移曲线的斜率出现明显的降低,试件刚度出现明显下降,在加载力达到 P_t kN 时,竖向裂缝发展完全。

3) 破坏阶段

在加载力 $P_t \sim P_u$ kN 内,随着荷载的增加,纵向受拉钢筋逐渐进入极限强度,试件中性轴逐渐上移,试件顶部混凝土压溃,结构进入极限状态。在该荷载水平内,荷载—位移曲线的斜率再次出现显著降低,荷载增长趋势变得十分缓慢。

根据图 2-97 的试件荷载—位移曲线,并参照试验现象,可以得出各个试件见表 2-9 重要力学性能参数。

汇总力学参数表   表 2-9

力学参数	开裂荷载（kN）	屈服荷载（kN）	屈服位移（mm）	极限承载力（kN）	极限位移（mm）	延性系数
S1	40	254.1	8.3	315.9	26.2	3.2
S2	30	109.1	11.9	150.0	40.1	3.4
S3	30	121.6	12.4	168.6	37.5	3.0
S4	30	110.8	8.6	155.9	28.5	3.3
S5	40	223.6	8.3	307.0	27.7	3.3

2.4.5　抗弯剪试验分析小结

通过回转式钢筋接缝的典型应用范围和其构造类型而制作的三个试件进行弯剪静力试验,对回转式钢筋接缝在弯剪荷载作用下的力学性能进行验证,分析了回转式钢筋接缝在弯剪荷载作用下受力的主要特点,可以得出如下主要试验结论:

(1)五组试件在弯剪荷载作用下的荷载—位移曲线表现相似,主要呈现为三个阶段:弹性工作阶段、带裂缝工作阶段以及破坏阶段。五组试件最终的破坏模式相似,都是由于受拉区钢筋屈服,试件中心轴上移,然后受压区混凝土压溃,从而导致试件失效。

(2)试件 S1、S2 以及 S5 在弯剪荷载作用下的破坏面都是少筋侧的新老混凝土交界面位置,最终的破坏原因都是因为交界面裂缝扩展从而导致钢筋屈服,然后受压区混凝土压溃。

(3)试件 S3 以及 S4 是双环试件,其跨中位置处截面的配筋率低于新老混凝土交界面位置的配筋率,所以其跨中位置裂缝宽度较大,最终的破坏原因是因为跨中位置裂缝扩展从而导致钢筋屈服,然后受压区混凝土压溃。

(4)弯剪荷载作用下,试件在湿接缝受拉区底部会形成回转式钢筋导致的对角裂缝、劈裂裂缝以及其余受弯裂缝,受压区会出现混凝土压溃。

(5)对于下层回转式钢筋,在弯剪荷载作用下,靠近加载端的钢筋拉应变增加的速度快于湿接缝另一侧的钢筋,靠近湿接缝交界面的钢筋拉应变增加速度快于湿接缝内部钢筋应变增加的速度。

(6)对于上层回转式钢筋,在弯剪荷载作用下,上层钢筋基本处于先受压再受拉的应力状态,靠近加载端的钢筋拉应变由负转正的速度快于湿接缝另一侧的钢筋,靠近湿接缝交界面的钢筋拉应变增加的速度快于湿接缝内部的钢筋应变增加的速度。

(7)对于横向钢筋而言,横向钢筋的应力出现拉应力与压应力两种状态,这是由于接缝内的横向钢筋存在局部弯曲作用,横向钢筋应变在初始加载阶段增长缓慢,这是由于湿接缝内部没有形成裂缝,随着荷载的进一步增加,接缝内部裂缝形成,横向钢筋的应变明显增加,可以通过横向钢筋的应变变化判别湿接缝内部出现裂缝的时机。

2.5 本章小结

对回转式钢筋接缝在轴拉荷载、弯矩荷载以及弯剪荷载作用下的力学性能进行试验研究,研究的参数主要有回转式钢筋重合长度、回转式钢筋间距、回转式钢筋面积及强度、横向钢筋面积与强度等,得到以下主要结论:

(1)轴拉荷载作用下,回转式钢筋接缝破坏模式有回转式钢筋屈服和接缝内部破坏两种形式,其中回转式钢筋屈服时结构延性较好。回转式钢筋承载力随回转式钢筋间距的降低、重合长度的增加而提高,但受回转式钢筋直径影响较小。接缝内横向钢筋对接缝的受力性能影响显著,可以有效提高结构的刚度、延性和承载力。

(2)弯矩荷载作用下,回转式钢筋接缝破坏模式主要有两种,一种破坏形式为受拉回转式钢筋屈服,受压混凝土压溃,另一种破坏形式是受拉区失效,受压区混凝土未压溃。两种破坏状态下回转式钢筋的应力分布不同,第一种破坏状态在极限状态下,靠近受拉区的回转式钢筋受拉屈服,靠近受压区的回转式钢筋受压。第二种破坏状态在极限状态时,回转式钢筋全部位于受拉区,且靠近受拉区外缘的回转式钢筋拉力更大。回转式钢筋接缝受弯时,受拉区的受力状态与接缝承受轴拉荷载时相似。

(3)弯剪荷载作用下,试件 S1、S2 以及 S5 的破坏面都是少筋侧的新老混凝土交界面位置,破坏原因是因为交界面裂缝扩展从而导致钢筋屈服,然后受压区混凝土压溃;试件 S3 以及 S4 是双环试件,其跨中位置处截面的配筋率低于新老混凝土交界面位置的配筋率,其跨中位置裂缝宽度较大,破坏原因是因为跨中位置裂缝扩展从而导致钢筋屈服,然后受压区混凝土压溃。

(4)与传统焊接连接方式对比,受拉情况下,传统焊接连接方式破坏表现为钢筋屈服,回转式连接方式表现为核心混凝土劈裂及钢筋屈服,受弯情况下,均表现为结合面上方混凝土的压溃及下方钢筋的屈服破坏。

第 3 章
CHAPTER 3

回转式钢筋接缝抗疲劳性能试验研究

为进一步完善回转式钢筋接缝的理论体系的设计方法,更好地发挥这种新型接缝的优势,在回转式钢筋接缝受力性能试验研究的基础上进行深化研究,对回转式钢筋混凝土湿接缝的疲劳性能开展进一步研究。

3.1 试验研究概述

考虑桥梁预制混凝土结构回转式钢筋湿接缝在服役过程中,会承受车轮的多次往复荷载,对结构造成疲劳损伤,可能进一步降低湿接缝的力学性能与抗裂性能。因此,为研究往复荷载作用下湿接缝结构的疲劳性能,需要开展相应的疲劳试验,分析疲劳荷载对回转式钢筋湿接缝的力学性能和抗裂性的影响。

现针对回转式钢筋接缝在使用过程中主要承担的疲劳应力循环情况,确定合理的疲劳应力幅值和疲劳循环次数,采用弯曲疲劳加载模式,利用疲劳助动器进行疲劳加载,以检验试件的疲劳特性与疲劳寿命。

3.2 试验方案设计与参数选择

3.2.1 试件设计

由于桥梁梁板结构是直接承受车轮局部荷载的结构,在车轮荷载的反复作用下梁板湿接缝的应力状态始终处于交变状态,在湿接缝内会产生疲劳效应。考虑回转式钢筋接缝是一种较新的结构形式,为了检验这种结构形式在疲劳荷载作用下的受力特点,接缝在疲劳作用下的退化特点。拟开展回转式钢筋湿接缝的疲劳性能试验研究,通过试验检验接缝的疲劳性能,分析接缝在疲劳荷载作用下的性能退化特点。

已有的研究结果表明,回转式钢筋接缝的疲劳作用特性主要和梁板的不同结构形式及湿接缝的不同构造有关。已有的研究和工程实践表明,回转式钢筋接缝的典型应用范围和其构造类型包括以下几种形式,故本次试验拟根据以下的几种构造形式开展回转式钢筋接缝的疲劳试验:

1)钢板组合梁、桩板式道路结构的横向湿接缝

目前公路桥梁结构中主要应用横向湿接缝的结构主要包括钢混组合梁桥、桩板式道路结

构为典型代表,面板的厚度一般为220~260mm为主,纵向钢筋主筋一般为18~25mm,接缝的宽度在工业化建造技术提升情况下,一般可优化至300mm。

2)T梁桥纵向湿接缝

目前常用的标准图中,T梁桥的湿接缝宽度主要应用在300~800mm,以500mm为典型代表,T梁桥的翼缘厚度一般为160mm,钢筋直径为16mm。

3)小箱梁纵向湿接缝

目前常用的标准图中,小箱梁的湿接缝宽度基本控制在500~1000mm,多实用宽度为500~800mm,翼缘厚度一般为180mm,钢筋直径一般为16mm。

根据上述常见的应用场景的分析,本次弯剪试验的试件具体分组见表3-1。

疲劳试验分组情况 表3-1

试件编号	试件数量	试件厚度（mm）	缝宽（mm）	同侧纵筋间距（mm）	纵筋直径（mm）	重合长度（mm）	横筋布置	备注
SF1	1	220	250	150	20	180	4×16	单环
SF2	1	160	500	100	16	200	4×16	单环
SF3	1	180	700	100	16	200	4×16	双环对中

图3-1、图3-2所示是试件的构造尺寸及配筋示意图。预制板及接缝的混凝土材料均采用C50混凝土,配筋全部采用HRB400钢筋。为保证横向钢筋的有效锚固,横向钢筋均做成封闭的环形。预制板长度为900mm,接缝的宽度比重合长度大70mm,以保证接缝内钢筋的保护层厚度。

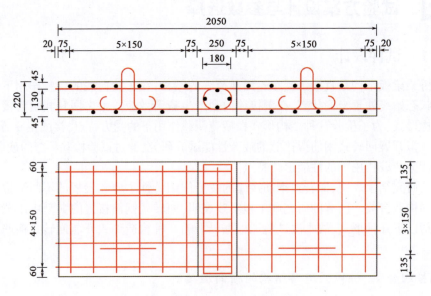

图3-1 SF1试件构造示意图(尺寸单位:mm)

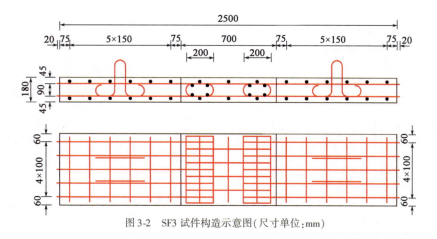

图 3-2　SF3 试件构造示意图(尺寸单位：mm)

3.2.2　测试内容

1) 疲劳性能检验

检验在湿接缝在疲劳荷载作用下的总体效应，观测在疲劳作用下是否出现裂缝、是否出现破损、是否产生明显的退化等表现，验证湿接缝结构的疲劳性能。

2) 刚度变化规律

测试在荷载作用下的变形特点和变形规律，分析试件在经历不同疲劳循环次数后的变形特性是否发生变化，检验湿接缝的刚度是否有变形改变，测定刚度变化情况。

3) 开裂和破坏模式

静力加载过程中的开裂顺序和裂缝发展趋势，试件失效时受压区混凝土、受拉区钢筋和混凝土的形态。

4) 裂缝发展规律

疲劳加载过程中随着疲劳循环次数的增加，持续观测裂缝的发展情况，分析裂缝的发展规律。

3.2.3　测点布置

为明确荷载作用下钢筋和混凝土的受力情况，对钢筋进行应变测量，在受压区、受拉区以及试件侧面布置混凝土应变片，观察混凝土的受压以及开裂情况，在接缝中部以及加载端布置位移计，测量加载过程中试件的位移变化。

对于回转式钢筋接缝试件，在回转式钢筋的直线部分布置钢筋应变片，对于缝宽为 250mm、500mm、700mm 的试件，纵向上在其接缝界面位置和接缝内部分别布置应变片，测点布置如图 3-3 所示。

在接缝内横向钢筋上布置应变片，对于竖向放置的横向钢筋，应变片布置在相邻回转式钢筋之间，对于水平放置的横向钢筋，应变片布置在横向钢筋与回转式钢筋相交的位置，测点布置图如图 3-4 ~ 图 3-8 所示。

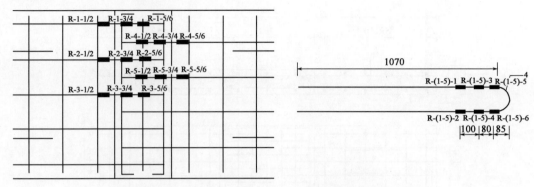

图 3-3 SF1 试件回转式钢筋应变片布置示意图(尺寸单位:mm)

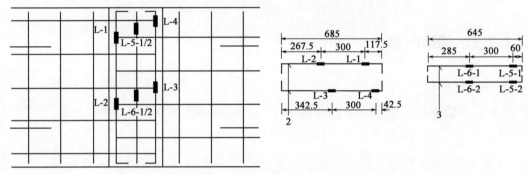

图 3-4 SF1 试件横向钢筋应变片布置示意图(尺寸单位:mm)

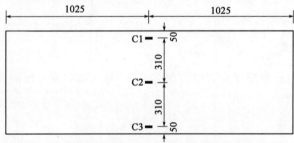

图 3-5 SF1 试件混凝土顶面应变片布置示意图(尺寸单位:mm)

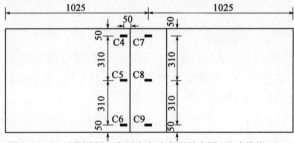

图 3-6 SF1 试件混凝土底面应变片布置示意图(尺寸单位:mm)

图 3-7 SF1 试件混凝土侧面应变片布置示意图(尺寸单位:mm)

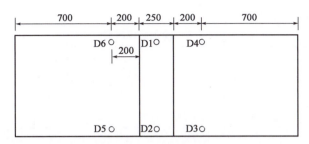

图 3-8　SF1 试件位移计布置示意图(尺寸单位:mm)

混凝土上表面应变片布置在试件受压区中部,混凝土下表面应变片布置在试件接缝中部和加载端正下方,混凝土侧面应变片布置在接缝侧面以及加载端混凝土侧面,位移计在纵向上布置 2 排,分别位于试件接缝中部和加载端正下方。

3.2.4　材性试验

1) 混凝土

预制构件及湿接缝在浇筑时,预留同条件养护试块 9 组,为尺寸 150mm × 150mm × 150mm 的标准立方体试块,在试验加载当日进行试块抗压强度测试。

2) 钢筋

对回转式钢筋和横向钢筋屈服强度和极限强度进行材料性能检测。

3.2.5　加载装置

试验过程中混凝土预制板下方设置支座,采用四点加载的方式,如图 3-9 所示。竖向荷载通过分配梁在试件中部形成纯弯区,竖向荷载采用疲劳荷载进行加载,其中疲劳荷载的计算采用规范中的车辆荷载进行计算得到,经过计算得到的疲劳荷载上下限为 40 ~ 16kN(SF1 试件)、30 ~ 12kN(SF2,SF3 试件),所对应的试件跨中挠度分别为 1 ~ 1.5mm。试件加载测试现场,如图 3-10 所示。

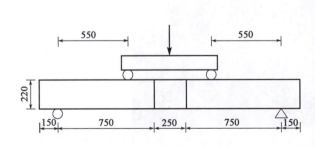

图 3-9　试件加载示意图(尺寸单位:mm)

图 3-10　试件加载测试现场

疲劳试验具体加载流程见表3-2。

疲劳试验加载顺序表　　　　　表3-2

编号	试验项目	试验内容
1	预加载	预加载：逐级加载至5kN，然后卸载至0，重复3次
2	疲劳前静力加载	按照规定的加载速率逐级加载至疲劳上限，荷载加至疲劳上限后，按照规定的卸载速率逐级卸载至0kN，加载卸载过程重复2次
3	疲劳试验及静力试验1	进行5万次疲劳加载，疲劳荷载频率为4Hz，达到5万次循环后，卸载为0，以5kN步长施加至疲劳上限，进行静力试验，重复2次
4	疲劳试验及静力试验2	进行10万次疲劳加载，疲劳荷载频率为4Hz，达到10万次循环后，卸载为0，以5kN步长施加至疲劳上限，进行静力试验，重复2次
5	疲劳试验及静力试验3	进行30万次疲劳加载，疲劳荷载频率为4Hz，达到30万次循环后，卸载为0，以5kN步长施加至疲劳上限，进行静力试验，重复2次
6	其余疲劳试验	以此类推，当疲劳荷载分别加到50万、100万、150万次循环后，先卸载为0，再以5kN步长施加至疲劳上限，进行静力试验，观测试件的疲劳残余变形、钢筋应力、混凝土应力、试件挠度、裂缝宽度等指标
7	静力破坏加载	当疲劳荷载循环到200万次后，卸载为0，再以5kN荷载步长分级施加静载并加载直至试件最终破坏，考察试件破坏前的疲劳残余变形、钢筋应力、混凝土应力、试件挠度、裂缝宽度等指标，测量疲劳后试件的承载能力

3.3 试验结果与分析

3.3.1 SF1试件疲劳试验

1) 疲劳前静载

疲劳试验开始前对试件进行纯弯静力加载试验，静力加载的幅值为疲劳上限，加载试件如图3-11所示。

图3-11　静力加载试件SF1

记录疲劳前静力加载过程中试件的跨中位移以及荷载，得出试件的荷载—位移曲线如图3-12所示。可以看出加载过程中，荷载—位移曲线基本呈线性增长，试件整体处于弹性阶段。

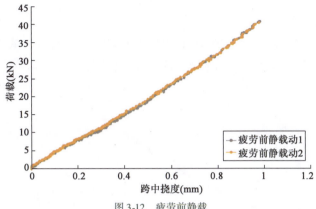

图 3-12 疲劳前静载

加载过程中试件顶面及侧面的混凝土应变如图 3-13a) 所示,试件接缝位置的钢筋应变如图 3-13b) 所示,从图中可以看出,试件始终处于弹性阶段。

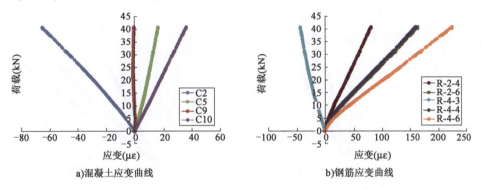

图 3-13 试件应变曲线

2) 累计 5 万次

进行 5 万次疲劳荷载的施加,频率为 4Hz,加载幅度为疲劳上下限。由于加载数据较多,选取部分加载过程中典型结果进行研究,红色及黑色为拟合后曲线。第 0~5 万次加载过程中时间—位移曲线及时间—应变如图 3-14 所示。从图中可以看出,拟合后的基本为直线,斜率很小,说明试件的刚度变化很小。

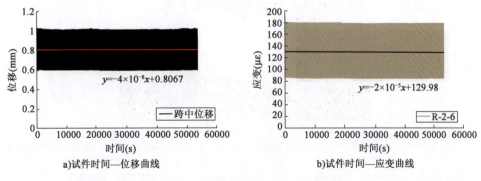

图 3-14 试件疲劳加载过程中表现

3）疲劳 5 万次后静载

记录疲劳 5 万次后静力加载过程中试件的跨中位移以及荷载，得出试件的荷载—位移曲线如图 3-15 所示。可以看出加载过程中，荷载—位移曲线基本呈线性增长，试件整体处于弹性阶段。

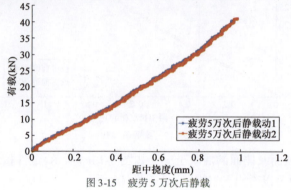

图 3-15 疲劳 5 万次后静载

加载过程中试件顶面及侧面的混凝土应变如图 3-16a）所示，试件接缝位置的钢筋应变如图 3-16b）所示，从图中可以看出，试件始终处于弹性阶段。

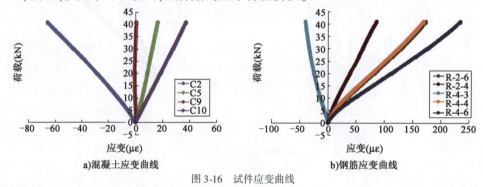

a) 混凝土应变曲线　　　　　　　　b) 钢筋应变曲线

图 3-16 试件应变曲线

4）累计 10 万次

进行 10 万次疲劳荷载的施加，频率为 4Hz，加载幅度为疲劳上下限。由于加载数据较多，选取部分加载过程中典型结果进行研究，红色及黑色为拟合后曲线。第 5 万～10 万次加载过程中时间—位移曲线及时间—应变如图 3-17 所示。从图中可以看出，拟合后的基本为直线，斜率很小，说明试件的刚度变化很小。

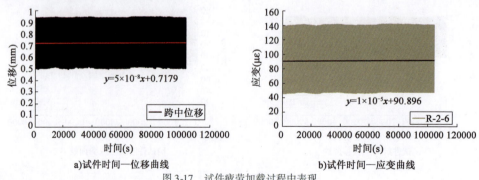

a) 试件时间—位移曲线　　　　　　　　b) 试件时间—应变曲线

图 3-17 试件疲劳加载过程中表现

5）疲劳 10 万次后静载

记录疲劳 10 万次后静力加载过程中试件的跨中位移以及荷载，得出试件的荷载—位移曲线如图 3-18 所示。可以看出加载过程中，荷载—位移曲线基本呈线性增长，试件整体处于弹性阶段。

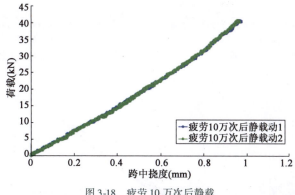

图 3-18　疲劳 10 万次后静载

加载过程中试件顶面及侧面的混凝土应变如图 3-19a）所示，试件接缝位置的钢筋应变如图 3-19b）所示，从图中可以看出，试件始终处于弹性阶段。

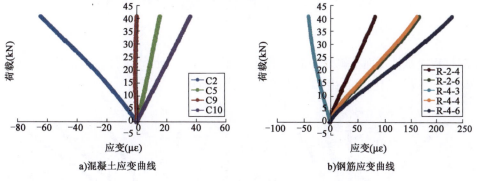

a）混凝土应变曲线　　　　　　　b）钢筋应变曲线

图 3-19　试件应变曲线

6）累计 30 万次

进行 30 万次疲劳荷载的施加，频率为 4Hz，加载幅度为疲劳上下限。由于加载数据较多，选取部分加载过程中典型结果进行研究，红色及黑色为拟合后曲线。第 10 万～30 万次加载过程中时间—位移曲线及时间—应变如图 3-20 所示。从图中可以看出，拟合后的基本为直线，斜率很小，说明试件的刚度变化很小。

7）疲劳 30 万次后静载

记录疲劳 30 万次后静力加载过程中试件的跨中位移以及荷载，得出试件的荷载—位移曲线如图 3-21 所示。可以看出加载过程中，荷载—位移曲线基本呈线性增长，试件整体处于弹性阶段。

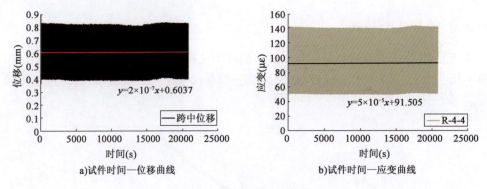

图 3-20　试件疲劳加载过程中表现

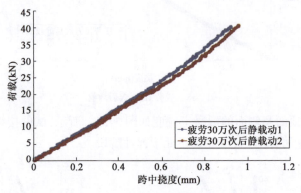

图 3-21　疲劳 30 万次后静载

加载过程中试件顶面及侧面的混凝土应变如图 3-22a)所示,试件接缝位置的钢筋应变如图 3-22b)所示,从图中可以看出,试件始终处于弹性阶段。

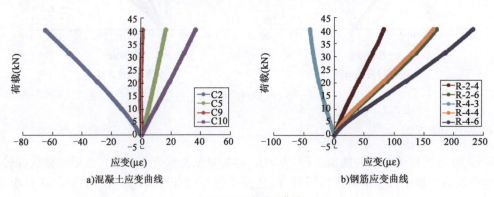

图 3-22　试件应变曲线

8)累计 50 万次

进行 50 万次疲劳荷载的施加,频率为 4Hz,加载幅度为疲劳上下限。由于加载数据较多,选取部分加载过程中典型结果进行研究,红色及黑色为拟合后曲线。第 30 万～50 万次加载过程中时间—位移曲线及时间—应变如图 3-23 所示。从图中可以看出,拟合后的基本为直线,斜率很小,说明试件的刚度变化很小。

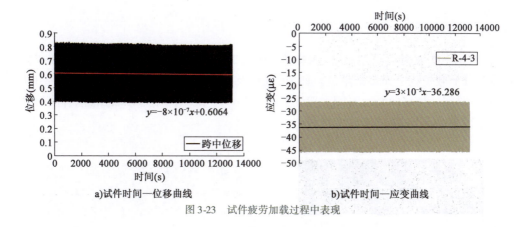

图 3-23　试件疲劳加载过程中表现

9）疲劳 50 万次后静载

记录疲劳 50 万次后静力加载过程中试件的跨中位移以及荷载，得出试件的荷载—位移曲线如图 3-24 所示。可以看出加载过程中，荷载—位移曲线基本呈线性增长，试件整体处于弹性阶段。

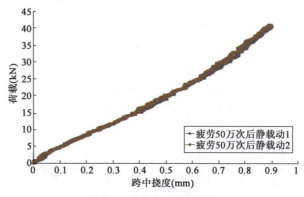

图 3-24　疲劳 50 万次后静载

加载过程中试件顶面及侧面的混凝土应变如图 3-25a）所示，试件接缝位置的钢筋应变如图 3-25b）所示，从图中可以看出，试件始终处于弹性阶段。

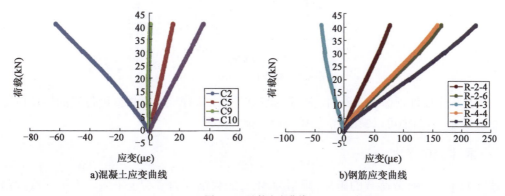

图 3-25　试件应变曲线

10) 累计 100 万次

进行 100 万次疲劳荷载的施加,频率为 4Hz,加载幅度为疲劳上下限。由于加载数据较多,选取部分加载过程中典型结果进行研究,红色及黑色为拟合后曲线。第 50 万~100 万次加载过程中时间—位移曲线及时间—应变如图 3-26 所示。从图中可以看出,拟合后的基本为直线,斜率很小,说明试件的刚度变化很小。

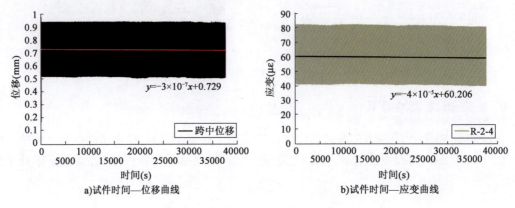

a) 试件时间—位移曲线 b) 试件时间—应变曲线

图 3-26 试件疲劳加载过程中表现

11) 疲劳 100 万次后静载

记录疲劳 100 万次后静力加载过程中试件的跨中位移以及荷载,得出试件的荷载—位移曲线如图 3-27 所示。可以看出加载过程中,荷载—位移曲线基本呈线性增长,试件整体处于弹性阶段。

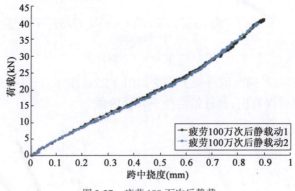

图 3-27 疲劳 100 万次后静载

加载过程中试件顶面及侧面的混凝土应变如图 3-28a) 所示,试件接缝位置的钢筋应变如图 3-28b) 所示,从图中可以看出,试件始终处于弹性阶段。

12) 累计 150 万次

进行 150 万次疲劳荷载的施加,频率为 4Hz,加载幅度为疲劳上下限。由于加载数据较多,选取部分加载过程中典型结果进行研究,红色及黑色为拟合后曲线。第 100 万~150 万次加载过程中时间—位移曲线及时间—应变如图3-29所示。从图中可以看出,拟合后的基本为直线,斜率很小,说明试件的刚度变化很小。

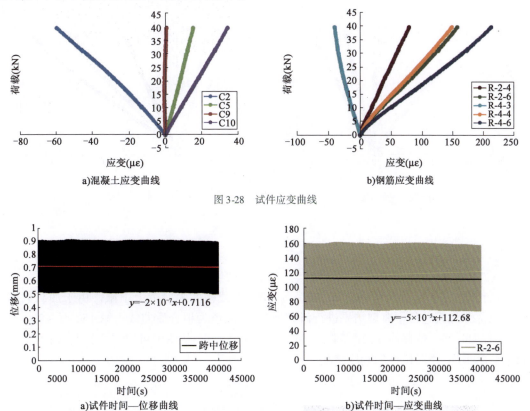

图3-28 试件应变曲线

图3-29 试件疲劳加载过程中表现

13) 疲劳150万次后静载

记录疲劳150万次后静力加载过程中试件的跨中位移以及荷载,得出试件的荷载—位移曲线如图3-30所示。可以看出加载过程中,荷载—位移曲线基本呈线性增长,试件整体处于弹性阶段。

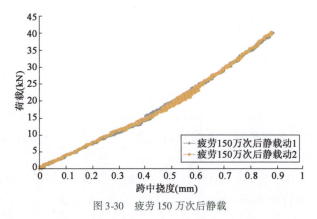

图3-30 疲劳150万次后静载

加载过程中试件顶面及侧面的混凝土应变如图3-31a)所示,试件接缝位置的钢筋应变如图3-31b)所示,从图中可以看出,试件始终处于弹性阶段。

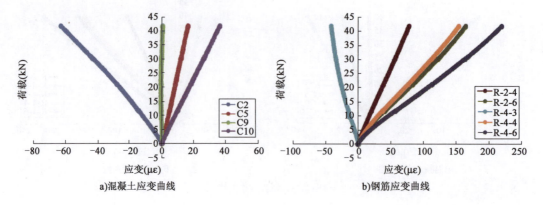

a)混凝土应变曲线　　　　　　　　b)钢筋应变曲线

图3-31　试件应变曲线

14)累计200万次

进行200万次疲劳荷载的施加,频率为4Hz,加载幅度为疲劳上下限。由于加载数据较多,选取部分加载过程中典型结果进行研究,红色及黑色为拟合后曲线。第150万~200万次加载过程中时间—位移曲线及时间—应变如图3-32所示。从图中可以看出,拟合后的基本为直线,斜率很小,说明试件的刚度变化很小。

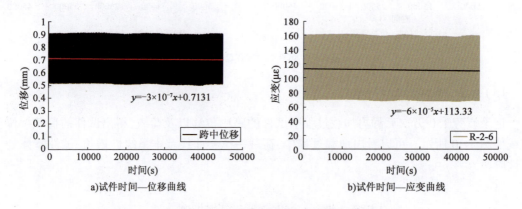

a)试件时间—位移曲线　　　　　　　　b)试件时间—应变曲线

图3-32　试件疲劳加载过程中表现

15)疲劳200万次后静载

如图3-33所示为SF1试件在疲劳200万次后静载破坏试验试验过程中,跨中位置处的荷载—竖向位移对比曲线,其中竖轴为湿接缝试件跨中弯矩值(kN·m),横轴为湿接缝试件跨中的竖向位移值(mm)。

如图3-34、图3-35所示,分别为SF1试件的裂缝发展过程图、初始裂缝图、发展完全的裂缝图以及极限破坏模式特征图。

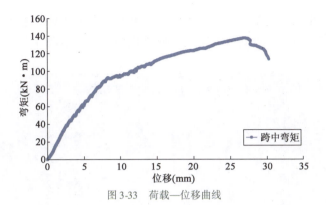

图 3-33 荷载—位移曲线

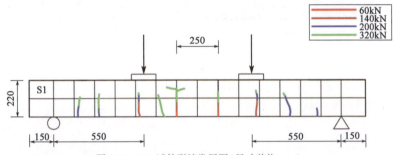

图 3-34 SF1 试件裂缝发展图(尺寸单位:mm)

a)SF1试件初始裂缝(60kN)

b)SF1试件裂缝充分发展(320kN)

c)SF1试件破坏模式

图 3-35 SF1 试件裂缝发展及破坏模式

图 3-36 所示为回转式钢筋接缝 SF1 试件承受弯曲荷载的典型裂缝模式，混凝土受拉侧外表面的裂缝分布如图 3-36a)所示，混凝土受压侧外表面混凝土压溃如图 3-36b)所示。

a)SF1试件受拉侧外表面

b)SF1试件受压侧外表面

图 3-36 SF1 试件破坏状态

如图 3-37 所示，分别为 SF1 试件湿接缝内、外回转式纵向受拉钢筋应变曲线，包括上、下两层，以及横向钢筋应变曲线。

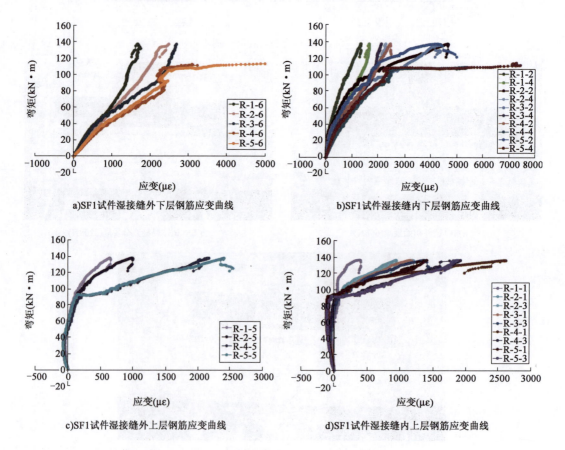

图 3-37

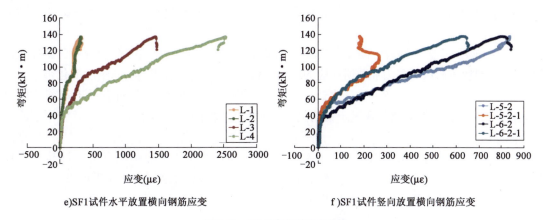

e)SF1 试件水平放置横向钢筋应变   f)SF1 试件竖向放置横向钢筋应变

图 3-37　SF1 试件钢筋应变曲线

对图 3-37 所示荷载—钢筋应变曲线图进行分析：

（1）分析试件湿接缝外、内下层钢筋应变曲线，在试件弯矩荷载作用区域，随着荷载的增加，在 40kN·m 荷载作用下，湿接缝外、内下层钢筋荷载—应变曲线斜率出现显著变化，钢筋拉应变开始迅速增加，这表明在该荷载水平下结构出现开裂；从钢筋荷载—应变曲线的斜率来看，靠近钢筋数量少的一侧的钢筋拉应变增加的速度快于湿接缝另一侧的钢筋；随后，在 90～140kN·m 荷载作用下，多数下层钢筋的拉应变逐渐超过屈服应变，该荷载水平下的下层钢筋进入屈服状态；之后，随着下层钢筋进入屈服状态，试件顶部出现混凝土压溃，结构随着荷载的缓慢增加进入极限状态。从图中可以看出，位于最外侧的下层回转式钢筋在极限状态时拉应变最小，并且靠近湿接缝交界面的钢筋拉应变增加的速率快于湿接缝内部的钢筋应变增加的速率。

（2）分析试件湿接缝外、内上层钢筋应变曲线，在试件弯矩荷载作用区域，随着荷载的增加，上层钢筋基本处于先受压再受拉的应力状态，靠近钢筋数量少的一侧的钢筋拉应变由负转正的速率远快于湿接缝另一侧的钢筋，并在 90～140kN·m 荷载作用下，钢筋的拉应变快速增加，逐渐超过屈服应变；位于湿接缝另一侧的钢筋在 90～140kN·m 荷载作用下，钢筋的拉应变增加的速率比少筋侧低。从图中可以看出，靠近湿接缝交界面的钢筋拉应变增加的速率快于湿接缝内部的钢筋应变增加的速率。

（3）分析试件横向钢筋应变曲线，横向钢筋的应力出现拉应力与压应力两种状态，这是由于接缝内的横向钢筋存在局部弯曲作用。在荷载加载开始后，横向钢筋应变在初始加载阶段增长缓慢，这是由于湿接缝内部没有形成裂缝。随着荷载的进一步增加，接缝内部裂缝形成，横向钢筋的应变明显增加，可以通过横向钢筋的应变变化判别湿接缝内部出现裂缝的时机。随着荷载的增加，极限状态下，部分测点的横向钢筋出现受压或受拉屈服。从横向钢筋的应变趋势来看，当荷载达到 0.4～0.5 倍极限荷载时，横向钢筋的应变发生明显的转折，此时接缝内部开始出现裂缝。

16）总结对比

图 3-38a）记录了试件在不同疲劳循环次数后进行静力加载时，试件的跨中位移以及荷载，得出试件的荷载—位移曲线。可以看出加载过程中，荷载—位移曲线基本呈线性增长，试

件整体处于弹性阶段,不同疲劳阶段后,荷载—位移曲线的斜率变化很小,意味着试件的刚度也变化很小。

图 3-38b)所示为不同疲劳循环次数后静力加载所对应的试件峰值位移,随着疲劳循环次数的增加,不同疲劳阶段后静力加载所对应的峰值位移几乎不变,这表明结构的刚度变化很小。

图 3-38c)所示为不同疲劳循环次数中钢筋的平均应变幅变化情况,可以看出钢筋的应变幅变化非常小,这表明疲劳荷载对于钢筋的受力没有太大的影响,试件在疲劳荷载作用下的结构性能是可靠的。

图 3-38d)所示为疲劳前以及 200 万次疲劳后进行静力加载过程中混凝土及钢筋应变片的应变值变化情况,可以看出疲劳加载前后混凝土及钢筋应变大小的变化几乎可以忽略不计,这进一步说明了试件具有良好的疲劳性能。

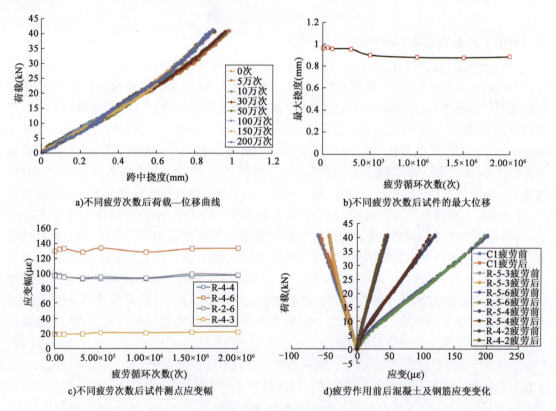

图 3-38 SF1 试件疲劳性能评估

SF1 试件在不同疲劳循环次数后静力加载过程中所对应的构件刚度及刚度变化的情况。可以发现随着疲劳循环次数的增加,试件的刚度相比于疲劳前的刚度变化较小,刚度变化基本在 10% 以内,见表 3-3。

SF1 疲劳试验刚度变化表　　　　　　　　　　表 3-3

加载次数(次)	0	5 万	10 万	30 万	50 万	100 万	150 万	200 万
位移(mm)	0.96	0.97	0.96	0.95	0.90	0.88	0.88	0.89
刚度(kN/mm)	41.49	41.42	41.78	41.91	44.44	45.45	45.56	45.15
刚度变化(%)	0	-0.17	0.69	1.01	7.12	9.56	9.81	8.82

3.3.2 SF2 试件疲劳试验

1）疲劳前静载

疲劳试验开始前对试件进行纯弯静力加载试验，静力加载的幅值为疲劳上限，加载试件如图 3-39 所示。

记录疲劳前静力加载过程中试件的跨中位移以及荷载，得出试件的荷载—位移曲线如图 3-40 所示。可以看出加载过程中，荷载—位移曲线基本呈线性增长，试件整体处于弹性阶段。

图 3-39　静力加载试件　　　　　图 3-40　疲劳前静载

加载过程中试件顶面及侧面的混凝土应变如图 3-41a）所示，试件接缝位置附近的钢筋应变如图 3-41b）所示，从图中可以看出，试件始终处于弹性阶段。

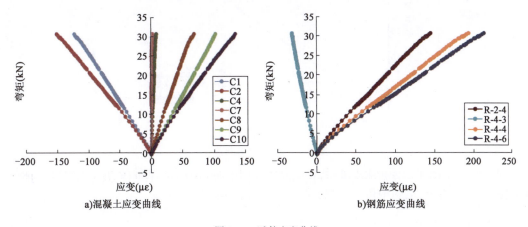

a）混凝土应变曲线　　　　　b）钢筋应变曲线

图 3-41　试件应变曲线

2）累计 5 万次

进行 5 万次疲劳荷载的施加，频率为 4Hz，加载幅度为疲劳上下限。由于加载数据较多，选取部分加载过程中典型结果进行研究，红色及黑色为拟合后曲线。第 0~5 万次加载过程中时间—位移曲线如图3-42所示。从图中可以看出,拟合后的基本为直线,斜率很小,说明试件的刚度变化很小。

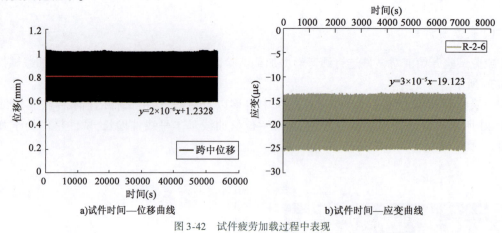

图3-42　试件疲劳加载过程中表现

3) 疲劳5万次后静载

记录疲劳5万次后静力加载过程中试件的跨中位移以及荷载,得出试件的荷载—位移曲线如图3-43所示。可以看出加载过程中,荷载—位移曲线基本呈线性增长,试件整体处于弹性阶段。

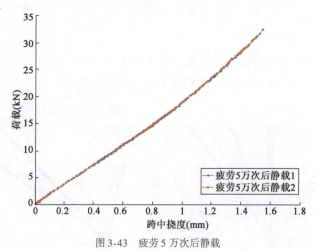

图3-43　疲劳5万次后静载

加载过程中试件顶面及侧面的混凝土应变如图3-44a)所示,试件接缝位置附近的钢筋应变如图3-44b)所示,从图中可以看出,试件始终处于弹性阶段。

4) 累计10万次

进行10万次疲劳荷载的施加,频率为4Hz,加载幅度为疲劳上下限。由于加载数据较多,选取部分加载过程中典型结果进行研究,红色及黑色为拟合后曲线。第5万~10万次加载过程中时间—位移曲线如图3-45所示。从图中可以看出,拟合后的基本为直线,斜率很小,说明试件的刚度变化很小。

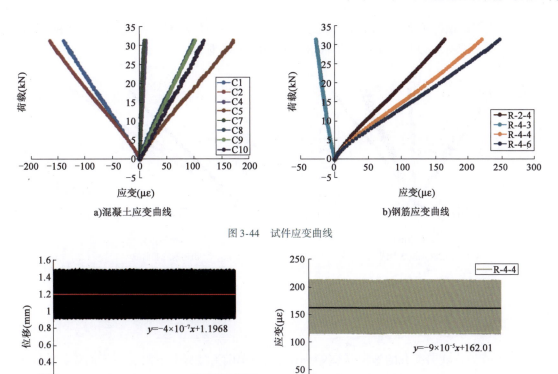

图 3-44 试件应变曲线

图 3-45 试件疲劳加载过程中表现

5）疲劳 10 万次后静载

记录疲劳 10 万次后静力加载过程中试件的跨中位移以及荷载，得出试件的荷载—位移曲线如图 3-46 所示。可以看出加载过程中，荷载—位移曲线基本呈线性增长，试件整体处于弹性阶段。

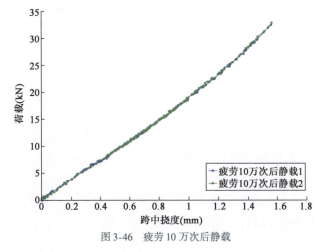

图 3-46 疲劳 10 万次后静载

加载过程中试件顶面及侧面的混凝土应变如图3-47a)所示,试件接缝位置附近的钢筋应变如图3-47b)所示。从图中可以看出,试件始终处于弹性阶段。

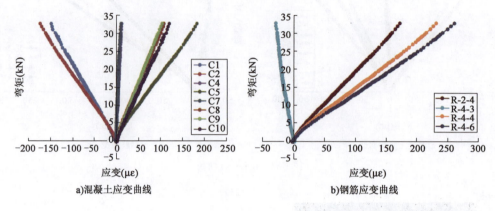

a)混凝土应变曲线   b)钢筋应变曲线

图3-47　试件应变曲线

6) 累计30万次

进行30万次疲劳荷载的施加,频率为4Hz,加载幅度为疲劳上下限。由于加载数据较多,选取部分加载过程中典型结果进行研究,红色及黑色为拟合后曲线。第10万~30万次加载过程中时间—位移曲线如图3-48所示。从图中可以看出,拟合后的基本为直线,斜率很小,说明试件的刚度变化很小。

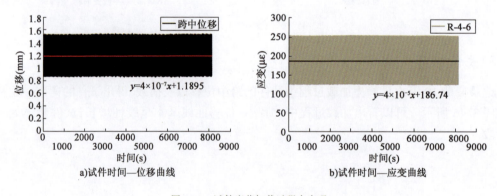

a)试件时间—位移曲线   b)试件时间—应变曲线

图3-48　试件疲劳加载过程中表现

7) 疲劳30万次后静载

记录疲劳30万次后静力加载过程中试件的跨中位移以及荷载,得出试件的荷载—位移曲线如图3-49所示。可以看出加载过程中,荷载—位移曲线基本呈线性增长,试件整体处于弹性阶段。

加载过程中试件顶面及侧面的混凝土应变如图3-50a)所示,试件接缝位置附近的钢筋应变如图3-50b)所示,从图中可以看出,试件始终处于弹性阶段。

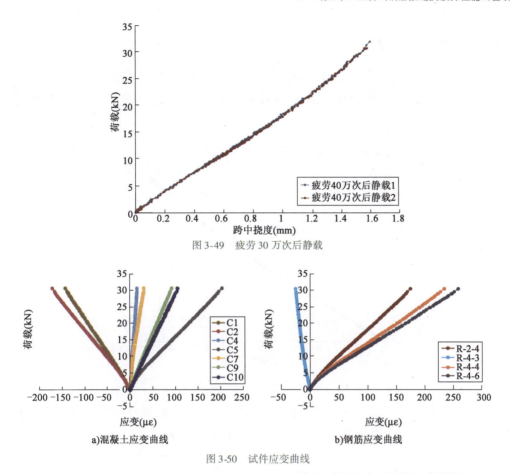

图 3-49　疲劳 30 万次后静载

a) 混凝土应变曲线　　　b) 钢筋应变曲线

图 3-50　试件应变曲线

8) 累计 50 万次

进行 50 万次疲劳荷载的施加，频率为 4Hz，加载幅度为疲劳上下限。由于加载数据较多，选取部分加载过程中典型结果进行研究，红色为拟合后曲线。第 30 万～50 万次加载过程中时间—位移曲线如图 3-51 所示。从图中可以看出，拟合后的基本为直线，斜率很小，说明试件的刚度变化很小。

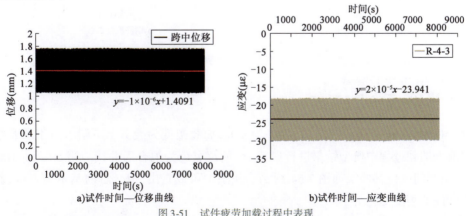

a) 试件时间—位移曲线　　　b) 试件时间—应变曲线

图 3-51　试件疲劳加载过程中表现

9）疲劳 50 万次后静载

记录疲劳 50 万次后静力加载过程中试件的跨中位移以及荷载，得出试件的荷载—位移曲线如图 3-52 所示。可以看出加载过程中，荷载—位移曲线基本呈线性增长，试件整体处于弹性阶段。

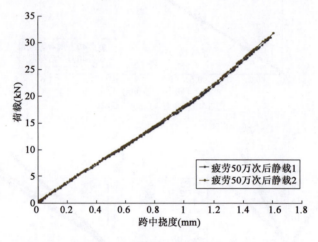

图 3-52　疲劳 50 万次后静载

加载过程中试件顶面及侧面的混凝土应变如图 3-53a）所示，试件接缝位置附近的钢筋应变如图 3-53b）所示。从图中可以看出，试件始终处于弹性阶段。

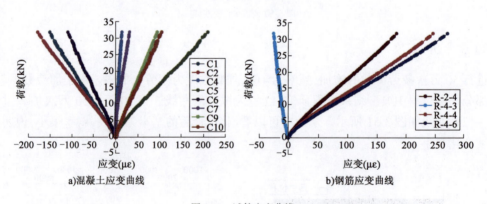

a）混凝土应变曲线　　　　　　　　b）钢筋应变曲线

图 3-53　试件应变曲线

10）累计 100 万次

进行 100 万次疲劳荷载的施加，频率为 4Hz，加载幅度为疲劳上下限。由于加载数据较多，选取部分加载过程中典型结果进行研究，红色及黑色为拟合后曲线。第 50 万～100 万次加载过程中时间—位移曲线如图 3-54 所示。从图中可以看出，拟合后的基本为直线，斜率很小，说明试件的刚度变化很小。

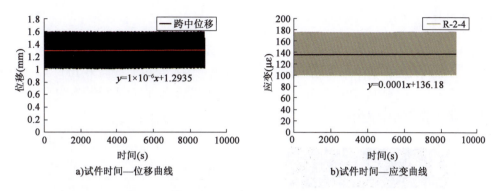

a)试件时间—位移曲线   b)试件时间—应变曲线

图 3-54　试件疲劳加载过程中表现

11）疲劳 100 万次后静载

记录疲劳 100 万次后静力加载过程中试件的跨中位移以及荷载,得出试件的荷载—位移曲线如图 3-55 所示。可以看出加载过程中,荷载—位移曲线基本呈线性增长,试件整体处于弹性阶段。

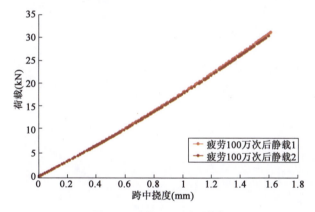

图 3-55　疲劳 100 万次后静载

加载过程中试件顶面及侧面的混凝土应变如图 3-56a）所示,试件接缝位置附近的钢筋应变如图 3-56b）所示,从图中可以看出,试件始终处于弹性阶段。

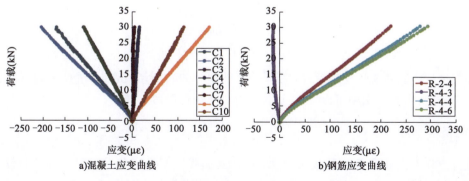

a)混凝土应变曲线   b)钢筋应变曲线

图 3-56　试件应变曲线

12）累计 150 万次

进行 150 万次疲劳荷载的施加,频率为 4Hz,加载幅度为疲劳上下限。由于加载数据较多,选取部分加载过程中典型结果进行研究,红色及黑色为拟合后曲线。第 100 万~150 万次加载过程中时间—位移曲线如图 3-57 所示。从图中可以看出,拟合后的基本为直线,斜率很小,说明试件的刚度变化很小。

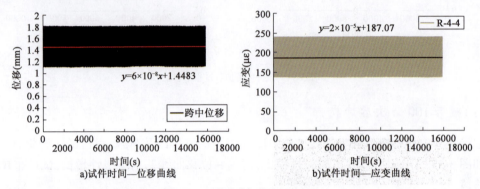

a)试件时间—位移曲线　　　　b)试件时间—应变曲线

图 3-57　试件疲劳加载过程中表现

13）疲劳 150 万次后静载

记录疲劳 150 万次后静力加载过程中试件的跨中位移以及荷载,得出试件的荷载—位移曲线如图 3-58 所示。可以看出加载过程中,荷载—位移曲线基本呈线性增长,试件整体处于弹性阶段。

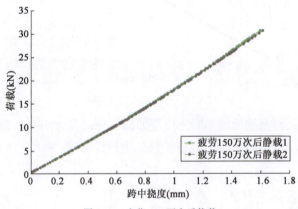

图 3-58　疲劳 150 万次后静载

加载过程中试件顶面及侧面的混凝土应变如图 3-59a)所示,试件接缝位置附近的钢筋应变如图 3-59b)所示,从图中可以看出,试件始终处于弹性阶段。

14）累计 200 万次

进行 200 万次疲劳荷载的施加,频率为 4Hz,加载幅度为疲劳上下限。由于加载数据较多,选取部分加载过程中典型结果进行研究,红色及黑色为拟合后曲线。第 150 万~200 万次加载过程中时间—位移曲线如图 3-60 所示。从图中可以看出,拟合后的基本为直线,斜率很小,说明试件的刚度变化很小。

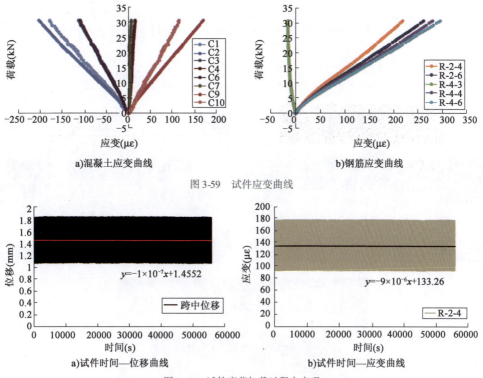

a)混凝土应变曲线   b)钢筋应变曲线

图 3-59   试件应变曲线

a)试件时间—位移曲线   b)试件时间—应变曲线

图 3-60   试件疲劳加载过程中表现

15)疲劳 200 万次后静载

如图 3-61 所示为 SF2 试件在疲劳 200 万次后静载破坏试验试验过程中,跨中位置处的荷载—竖向位移对比曲线,其中竖轴为湿接缝试件跨中弯矩值(kN·m),横轴为湿接缝试件跨中的竖向位移值(mm)。

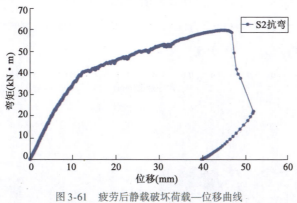

图 3-61   疲劳后静载破坏荷载—位移曲线

如图 3-62 和图 3-63 所示,分别为 SF2 试件的裂缝发展过程图、初始裂缝图、发展完全的裂缝图以及极限破坏模式特征图。

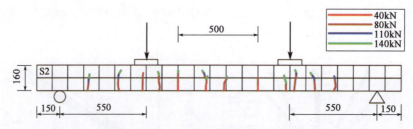

图 3-62　SF2 试件裂缝发展图(尺寸单位:mm)

图 3-63　SF2 试件裂缝发展及破坏模式

图 3-64 所示为回转式钢筋接缝试件承受弯剪荷载的典型裂缝模式,混凝土受拉侧外表面的裂缝分布如图 3-64a)所示,混凝土受压侧外表面混凝土压溃如图 3-64b)所示。

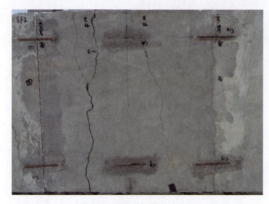
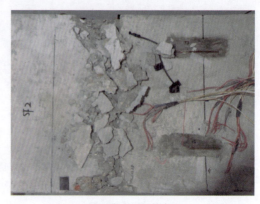

a)SF2试件受拉侧外表面　　　　　　　　b)SF2试件受压侧外表面

图 3-64　SF2 试件破坏状态

如图 3-65 所示,分别为 SF2 试件湿接缝内、外回转式纵向受拉钢筋应变曲线,包括上、下两层。

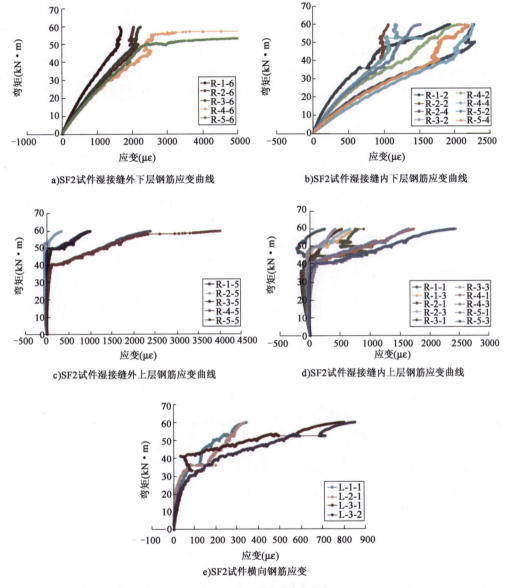

图 3-65　SF2 试件钢筋应变曲线

对上述荷载—钢筋应变曲线图进行分析:

(1) 分析试件湿接缝外、内下层钢筋应变曲线,在试件弯矩荷载作用区域,随着荷载的增加,在 10kN·m 荷载作用下,湿接缝外、内下层钢筋荷载—应变曲线斜率出现显著变化,钢筋拉应变开始迅速增加,这表明在该荷载水平下结构出现开裂;从钢筋荷载—应变曲线的斜率来看,靠近钢筋数量少的一侧的钢筋拉应变增加的速度快于湿接缝另一侧的钢筋;随后,在 40 ~ 60kN·m 荷载作用下,多数下层钢筋的拉应变逐渐超过屈服应变,该荷载水平下的下层钢筋进入屈服状态;之后,随着下层钢筋进入屈服状态,试件顶部出现混凝土压溃,结构随着荷载的缓慢增加进入极限状态。从图中可以看出,位于最外侧的下层回转式钢筋在极限状态时拉应变最小,并且靠近湿接缝交界面的钢筋拉应变增加的速率快于湿接缝内部的钢筋应变增加的速率。

(2)分析试件湿接缝外上层钢筋应变曲线,在试件弯矩荷载作用区域,随着荷载的增加,上层钢筋基本处于先受压再受拉的应力状态,靠近钢筋数量少的一侧的钢筋拉应变由负转正的速率远快于湿接缝另一侧的钢筋,并在40~60kN·m荷载作用下,钢筋的拉应变迅速增加,逐渐超过屈服应变;位于湿接缝另一侧的钢筋在40~60kN·m荷载作用下,钢筋的拉应变由负逐渐转为正,意味着结构的受力体系发生了转变。从图中可以看出,靠近湿接缝交界面的钢筋拉应变增加的速率快于湿接缝内部的钢筋应变增加的速率。

(3)分析试件横向钢筋应变曲线,横向钢筋的应力出现拉应力与压应力两种状态,这是由于接缝内的横向钢筋存在局部弯曲作用。在荷载加载开始后,横向钢筋应变在初始加载阶段增长缓慢,这是由于湿接缝内部没有形成裂缝。随着荷载的进一步增加,接缝内部裂缝形成,横向钢筋的应变明显增加,可以通过横向钢筋的应变变化判别湿接缝内部出现裂缝的时机。随着荷载的增加,极限状态下,部分测点的横向钢筋出现受压或受拉屈服。从横向钢筋的应变趋势来看,当荷载达到0.4~0.5倍极限荷载时,横向钢筋的应变发生明显的转折,此时接缝内部开始出现裂缝。

16)总结对比

图3-66a)所示记录了试件在不同疲劳循环次数后进行静力加载时,试件的跨中位移以及荷载,得出试件的荷载—位移曲线。可以看出加载过程中,荷载—位移曲线基本呈线性增长,试件整体处于弹性阶段,不同疲劳阶段后,荷载—位移曲线的斜率变化很小,意味着试件的刚度也变化很小。

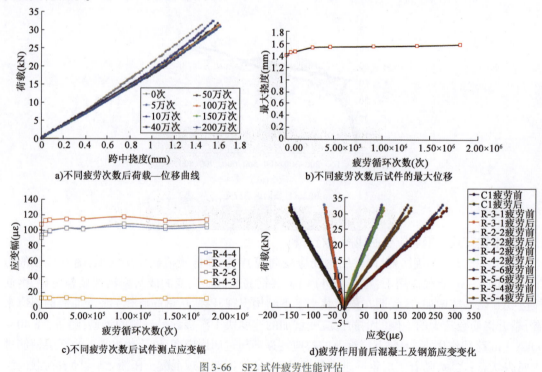

图3-66 SF2试件疲劳性能评估

图3-66b)为不同疲劳循环次数后静力加载所对应的试件峰值位移,随着疲劳循环次数的增加,不同疲劳阶段后静力加载所对应的峰值位移几乎不变,这表明结构的刚度变化很小。

图3-66c)为不同疲劳循环次数中钢筋的平均应变幅变化情况,可以看出钢筋的应变幅变化非常小,这表明疲劳荷载对于钢筋的受力没有太大的影响,试件在疲劳荷载作用下的结构性能是可靠的。

图3-66d)为疲劳前以及200万次疲劳后进行静力加载过程中混凝土及钢筋应变片的应变值变化情况,可以看出疲劳加载前后混凝土及钢筋应变大小的变化几乎可以忽略不计,这进一步说明了试件具有良好的疲劳性能。

SF2试件在不同疲劳循环次数后静力加载过程中所对应的构件刚度及刚度变化的情况。可以发现随着疲劳循环次数的增加,试件的刚度相比于疲劳前的刚度变化较小,刚度变化基本在10%以内,见表3-4。

SF2疲劳试验刚度变化表 表3-4

加载次数(次)	0	5万	10万	30万	50万	100万	150万	200万
位移(mm)	1.40	1.45	1.46	1.53	1.54	1.55	1.56	1.58
刚度(kN/mm)	21.43	20.69	20.55	19.61	19.48	19.35	19.23	18.99
刚度变化(%)	0.00	-3.45	-4.11	-8.50	-9.09	-9.68	-10.26	-11.39

3.3.3 SF3试件疲劳试验

1)疲劳前静载

疲劳试验开始前对试件进行纯弯静力加载试验,静力加载的幅值为疲劳上限,加载试件如图3-67所示。

图3-67 静力加载试件SF3

记录疲劳前静力加载过程中试件的跨中位移以及荷载,得出试件的荷载—位移曲线如图3-68所示。可以看出加载过程中,荷载—位移曲线基本呈线性增长,试件整体处于弹性阶段。

加载过程中试件顶面及侧面的混凝土应变如图3-69a)所示,试件接缝位置附近的钢筋应变如图3-69b)所示,从图中可以看出,试件始终处于弹性阶段。

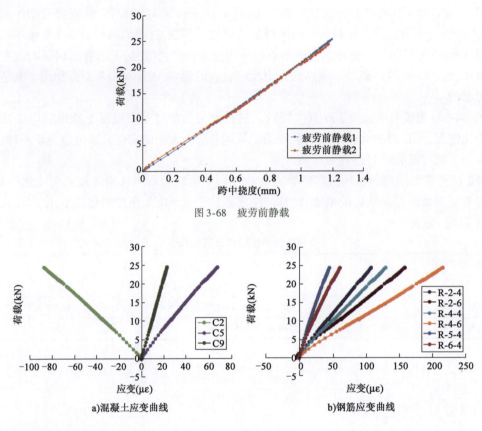

图 3-68 疲劳前静载

a)混凝土应变曲线   b)钢筋应变曲线

图 3-69 试件应变曲线

2) 累计 5 万次

进行 5 万次疲劳荷载的施加,频率为 4Hz,加载幅度为疲劳上下限。由于加载数据较多,选取部分加载过程中典型结果进行研究,红色及黑色为拟合后曲线。第 0~5 万次加载过程中时间—位移曲线如图 3-70 所示。从图中可以看出,拟合后的基本为直线,斜率很小,说明试件的刚度变化很小。

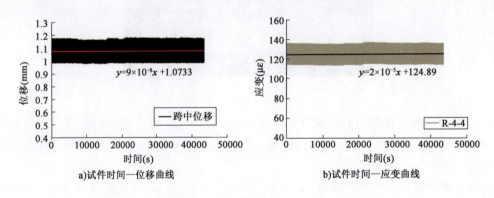

a)试件时间—位移曲线   b)试件时间—应变曲线

图 3-70 试件疲劳加载过程中表现

3)疲劳 5 万次后静载

记录疲劳 5 万次后静力加载过程中试件的跨中位移以及荷载,得出试件的荷载—位移曲线如图 3-71 所示。可以看出加载过程中,荷载—位移曲线基本呈线性增长,试件整体处于弹性阶段。

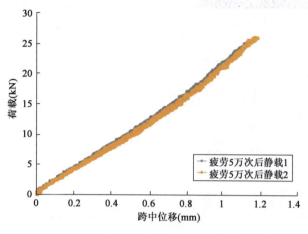

图 3-71　疲劳 5 万次后静载

加载过程中试件顶面及侧面的混凝土应变如图 3-72a)所示,试件接缝位置附近的钢筋应变如图 3-72b)所示,从图中可以看出,试件始终处于弹性阶段。

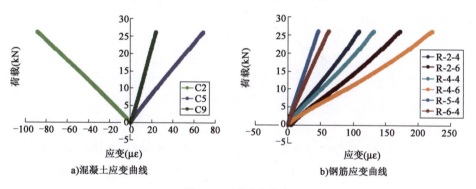

图 3-72　试件应变曲线

4)累计 10 万次

进行 10 万次疲劳荷载的施加,频率为 4Hz,加载幅度为疲劳上下限。由于加载数据较多,选取部分加载过程中典型结果进行研究,红色及黑色为拟合后曲线。第 5 万~10 万次加载过程中时间—位移曲线如图 3-73 所示。从图中可以看出,拟合后的基本为直线,斜率很小,说明试件的刚度变化很小。

5)疲劳 10 万次后静载

记录疲劳 10 万次后静力加载过程中试件的跨中位移以及荷载,得出试件的荷载—位移曲线如图 3-74 所示。可以看出加载过程中，荷载—位移曲线基本呈线性增长，试件整体处于弹性阶段。

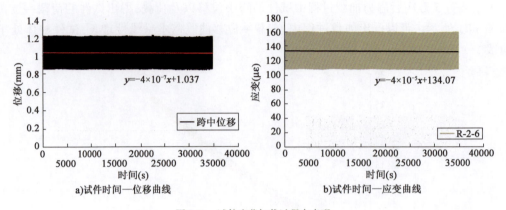

图 3-73　试件疲劳加载过程中表现

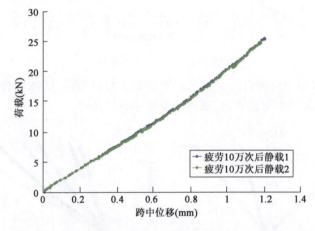

图 3-74　疲劳 10 万次后静载

加载过程中试件顶面及侧面的混凝土应变如图 3-75a) 所示，试件接缝位置附近的钢筋应变如图 3-75b) 所示。从图中可以看出，试件始终处于弹性阶段。

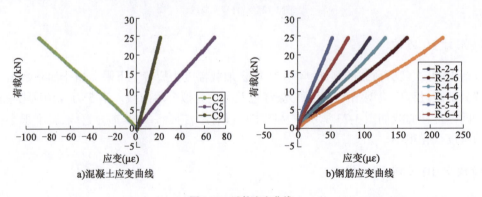

图 3-75　试件应变曲线

6) 累计30万次

进行30万次疲劳荷载的施加,频率为4Hz,加载幅度为疲劳上下限。由于加载数据较多,选取部分加载过程中典型结果进行研究,红色及黑色为拟合后曲线。第10万～30万次加载过程中时间—位移曲线如图3-76所示。从图中可以看出,拟合后的基本为直线,斜率很小,说明试件的刚度变化很小。

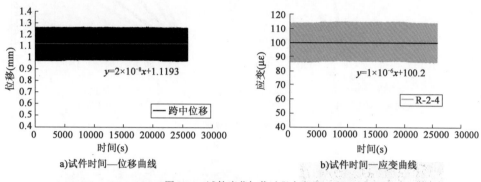

a)试件时间—位移曲线   b)试件时间—应变曲线

图3-76　试件疲劳加载过程中表现

7) 疲劳30万次后静载

记录疲劳30万次后静力加载过程中试件的跨中位移以及荷载,得出试件的荷载—位移曲线如图3-77所示。可以看出加载过程中,荷载—位移曲线基本呈线性增长,试件整体处于弹性阶段。

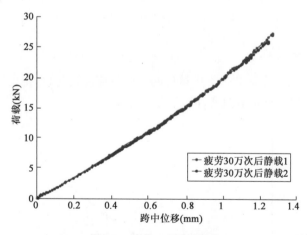

图3-77　疲劳30万次后静载

加载过程中试件顶面及侧面的混凝土应变如图3-78a)所示,试件接缝位置附近的钢筋应变如图3-78b)所示,从图中可以看出,试件始终处于弹性阶段。

8) 累计50万次

进行50万次疲劳荷载的施加,频率为4Hz,加载幅度为疲劳上下限。由于加载数据较多,选取部分加载过程中典型结果进行研究,红色为拟合后曲线。第 30 万~50 万次加载过程中时间—位移曲线如图 3-79 所示。从图中可以看出,拟合后的基本为直线,斜率很小,说明试件的刚度变化很小。

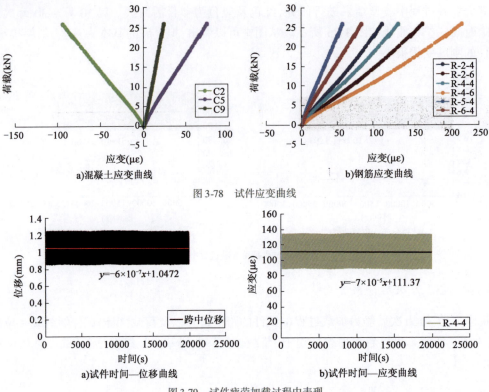

图 3-78 试件应变曲线

a)试件时间—位移曲线   b)试件时间—应变曲线

图 3-79 试件疲劳加载过程中表现

9)疲劳 50 万次后静载

记录疲劳 50 万次后静力加载过程中试件的跨中位移以及荷载,得出试件的荷载—位移曲线如图 3-80 所示。可以看出加载过程中,荷载—位移曲线基本呈线性增长,试件整体处于弹性阶段。

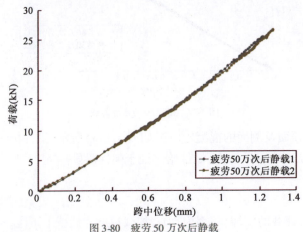

图 3-80 疲劳 50 万次后静载

加载过程中试件顶面及侧面的混凝土应变如图3-81a)所示,试件接缝位置附近的钢筋应变如图3-81b)所示。从图中可以看出,试件始终处于弹性阶段。

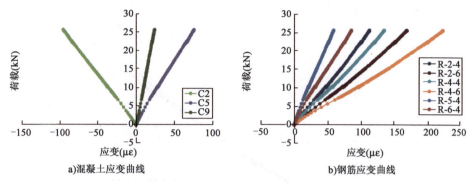

a)混凝土应变曲线　　　　　　　　b)钢筋应变曲线

图3-81　试件应变曲线

10) 累计100万次

进行100万次疲劳荷载的施加,频率为4Hz,加载幅度为疲劳上下限。由于加载数据较多,选取部分加载过程中典型结果进行研究,红色及黑色为拟合后曲线。第50万~100万次加载过程中时间—位移曲线如图3-82所示。从图中可以看出,拟合后的基本为直线,斜率很小,说明试件的刚度变化很小。

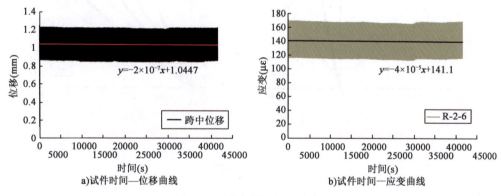

a)试件时间—位移曲线　　　　　　　　b)试件时间—应变曲线

图3-82　试件疲劳加载过程中表现

11) 疲劳100万次后静载

记录疲劳100万次后静力加载过程中试件的跨中位移以及荷载,得出试件的荷载—位移曲线如图3-83所示。可以看出加载过程中,荷载—位移曲线基本呈线性增长,试件整体处于弹性阶段。

加载过程中试件顶面及侧面的混凝土应变如图3-84a)所示,试件接缝位置附近的钢筋应变如图3-84b)所示,从图中可以看出,试件始终处于弹性阶段。

12) 累计150万次

进行150万次疲劳荷载的施加,频率为4Hz,加载幅度为疲劳上下限。由于加载数据较多,选取部分加载过程中典型结果进行研究,红色及黑色为拟合后曲线。第 100 万 ~ 150 万次加载过程中时间—位移曲线如图 3-85 所示。从图中可以看出,拟合后的基本为直线,斜率很小,说明试件的刚度变化很小。

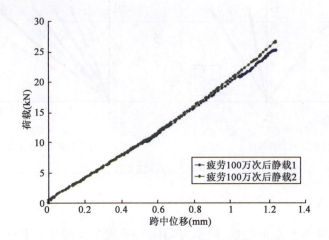

图 3-83　疲劳 100 万次后静载

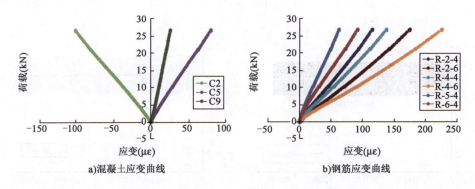

a) 混凝土应变曲线　　　　　b) 钢筋应变曲线

图 3-84　试件应变曲线

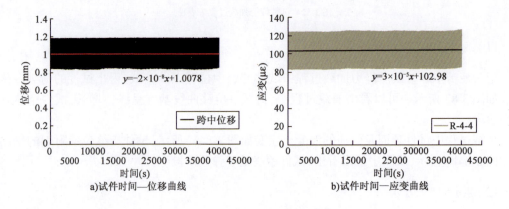

a) 试件时间—位移曲线　　　　　b) 试件时间—应变曲线

图 3-85　试件疲劳加载过程中表现

13) 疲劳 150 万次后静载

记录疲劳 150 万次后静力加载过程中试件的跨中位移以及荷载,得出试件的荷载—位移曲线如图 3-86 所示。可以看出加载过程中,荷载—位移曲线基本呈线性增长,试件整体处于弹性阶段。

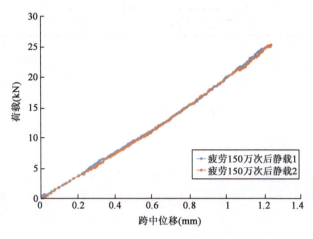

图 3-86　疲劳 150 万次后静载

加载过程中试件顶面及侧面的混凝土应变如图 3-87a)所示,试件接缝位置附近的钢筋应变如图 3-87b)所示,从图中可以看出,试件始终处于弹性阶段。

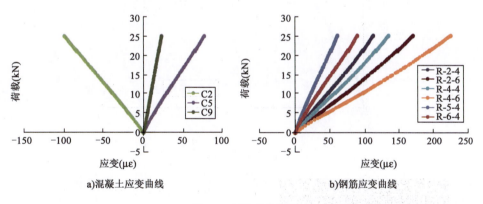

a)混凝土应变曲线　　　　　　　　b)钢筋应变曲线

图 3-87　试件应变曲线

14) 累计 200 万次

进行 200 万次疲劳荷载的施加,频率为 4Hz,加载幅度为疲劳上下限。由于加载数据较多,选取部分加载过程中典型结果进行研究,红色及黑色为拟合后曲线。第 150 万~200 万次加载过程中时间—位移曲线如图 3-88 所示。从图中可以看出,拟合后的基本为直线,斜率很小,说明试件的刚度变化很小。

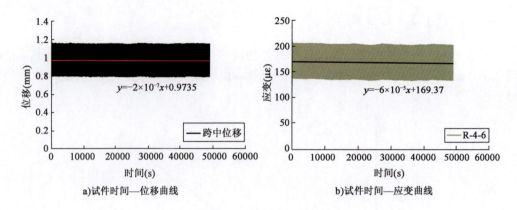

a) 试件时间—位移曲线　　　　　　b) 试件时间—应变曲线

图3-88　试件疲劳加载过程中表现

15) 疲劳200万次后静载

如图3-89所示为SF3试件在疲劳200万次后静载破坏试验试验过程中,跨中位置处的荷载—竖向位移对比曲线,其中竖轴为湿接缝试件跨中弯矩值(kN·m),横轴为湿接缝试件跨中的竖向位移值(mm)。

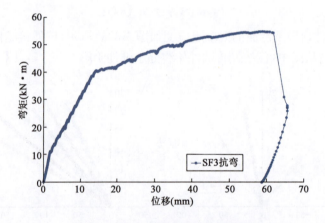

图3-89　疲劳后静载破坏荷载—位移曲线

如图3-90和图3-91所示,分别为SF3试件的裂缝发展过程图、初始裂缝图、发展完全的裂缝图以及极限破坏模式特征图。

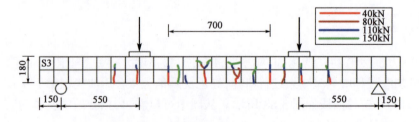

图3-90　SF3试件裂缝发展图(尺寸单位:mm)

图 3-91　SF3 试件裂缝发展及破坏模式

图 3-92 所示为回转式钢筋接缝试件承受弯剪荷载的典型裂缝模式,混凝土受拉侧外表面的裂缝分布如图 3-92a)所示,混凝土受压侧外表面混凝土压溃如图 3-92b)所示。

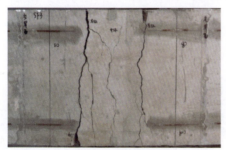

a)SF3试件受拉侧外表面　　　　　　　　b)SF3试件受压侧外表面

图 3-92　SF3 试件破坏状态

如图 3-93 所示,分别为 SF3 试件湿接缝内、外回转式纵向受拉钢筋应变曲线,包括上、下两层。

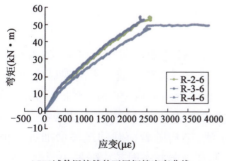
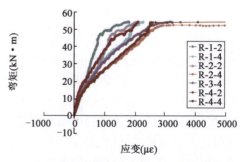

a)SF3试件湿接缝外下层钢筋应变曲线　　　　b)SF3试件湿接缝内下层钢筋应变曲线

图　3-93

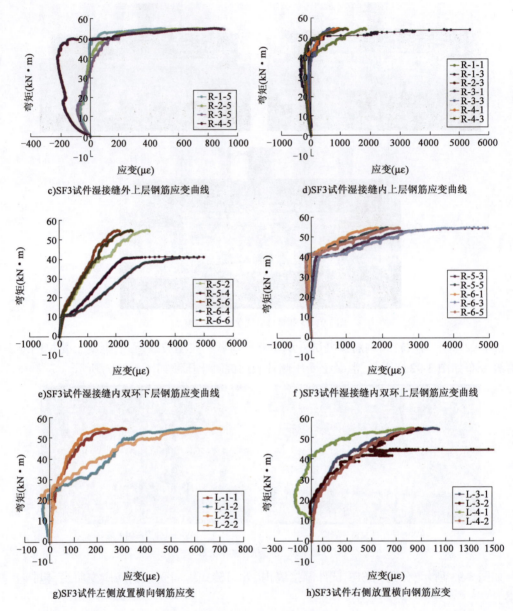

图3-93 SF3试件钢筋应变曲线

对上述荷载—钢筋应变曲线图进行分析：

（1）分析试件湿接缝外、内下层钢筋应变曲线，在试件弯矩荷载作用区域，随着荷载的增加，在10kN·m荷载作用下，湿接缝外、内下层钢筋荷载—应变曲线斜率出现显著变化，钢筋拉应变开始迅速增加，这表明在该荷载水平下结构出现开裂；随后，在40～55kN·m荷载作用下，多数下层钢筋的拉应变逐渐超过屈服应变，该荷载水平下下层钢筋进入屈服状态；之后，随着下层钢筋进入屈服状态，试件顶部出现混凝土压溃，结构随着荷载的缓慢增加进入极限状态。从图中可以看出，位于最外侧的下层回转式钢筋在极限状态时拉应变最小，并且靠近湿接缝交界面的钢筋拉应变增加的速率快于湿接缝内部的钢筋应变增加的速率。

（2）分析试件湿接缝外上层钢筋应变曲线，在试件弯矩荷载作用区域，随着荷载的增加，上层钢筋基本处于先受压再受拉的应力状态，湿接缝外的钢筋拉应变由负转正的速率远快于湿接缝内的钢筋，并在40~55kN·m荷载作用下，钢筋的拉应变迅速增加，逐渐超过屈服应变；钢筋的拉应变由负逐渐转为正，意味着结构的受力体系发生了转变。从图中可以看出，靠近湿接缝交界面的钢筋拉应变增加的速率快于湿接缝内部的钢筋应变增加的速率。

（3）分析试件双环下层钢筋应变曲线，在试件弯剪荷载作用区域，随着荷载的增加，在10kN·m荷载作用下，试件双环下层钢筋荷载—应变曲线斜率出现显著变化，钢筋拉应变开始迅速增加，这表明在该荷载水平下湿接缝内部出现开裂；从钢筋荷载—应变曲线的斜率来看，靠近湿接缝中部的钢筋拉应变增加的速度快于其他钢筋；随后，在40~55kN·m荷载作用下，多数双环下层钢筋的拉应变逐渐超过屈服应变，该荷载水平下下层钢筋进入屈服状态；之后，随着下层钢筋进入屈服状态，试件顶部出现混凝土压溃，结构随着荷载的缓慢增加进入极限状态。

分析试件双环上层钢筋应变曲线，在试件弯剪荷载作用区域，随着荷载的增加，上层钢筋基本处于先受压再受拉的应力状态，靠近加载端的钢筋拉应变由负转正的速率远快于湿接缝另一侧的钢筋，并在40~55kN·m荷载作用下，钢筋的拉应变逐渐超过屈服应变；钢筋的拉应变由负逐渐转为正，意味着结构的受力体系发生了转变。

（4）然后分析试件横向钢筋应变曲线，横向钢筋的应力出现拉应力与压应力两种状态，这是由于接缝内的横向钢筋存在局部弯曲作用。在荷载加载开始后，横向钢筋应变在初始加载阶段增长缓慢，这是由于湿接缝内部没有形成裂缝。随着荷载的进一步增加，接缝内部裂缝形成，横向钢筋的应变明显增加，可以通过横向钢筋的应变变化判别湿接缝内部出现裂缝的时机。随着荷载的增加，极限状态下，部分测点的横向钢筋出现受压或受拉屈服。从横向钢筋的应变趋势来看，当荷载达到0.4~0.5倍极限荷载时，横向钢筋的应变发生明显的转折，此时接缝内部开始出现裂缝。

16）总结对比

图3-94a）记录了试件在不同疲劳循环次数后进行静力加载时，试件的跨中位移以及荷载，得出试件的荷载—位移曲线。可以看出加载过程中，荷载—位移曲线基本呈线性增长，试件整体处于弹性阶段，不同疲劳阶段后，荷载—位移曲线的斜率变化很小，意味着试件的刚度也变化很小。

图3-94b）为不同疲劳循环次数后静力加载所对应的试件峰值位移，随着疲劳循环次数的增加，不同疲劳阶段后静力加载所对应的峰值位移有所增加，这表明结构的刚度有着略微的降低。

图3-94c）为不同疲劳循环次数中钢筋的平均应变幅变化情况，可以看出钢筋的应变幅变化非常小，这表明疲劳荷载对于钢筋的受力没有太大的影响，试件在疲劳荷载作用下的结构性能是可靠的。

图3-94d）为疲劳前以及200万次疲劳后进行静力加载过程中混凝土及钢筋应变片的应变值变化情况，可以看出疲劳加载前后混凝土及钢筋应变大小的变化几乎可以忽略不计，这进一步说明了试件具有良好的疲劳性能。

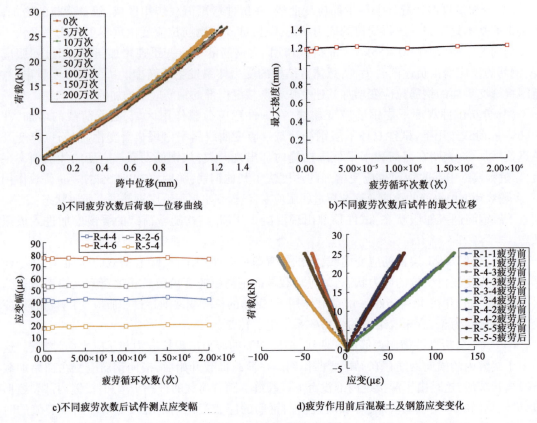

图 3-94 SF3 试件疲劳性能评估

SF3 试件在不同疲劳循环次数后静力加载过程中所对应的构件刚度及刚度变化的情况。可以发现随着疲劳循环次数的增加，试件的刚度相比于疲劳前的刚度变化较小，刚度变化基本在 10% 以内，见表 3-5。

SF3 疲劳试验刚度变化表   表 3-5

加载次数（次）	0	5万	10万	30万	50万	100万	150万	200万
位移（mm）	1.17	1.15	1.18	1.19	1.20	1.18	1.20	1.21
刚度（kN/mm）	21.37	21.74	21.19	21.01	20.83	21.19	20.83	20.66
刚度变化（%）	0.00	1.74	-0.85	-1.68	-2.50	-0.85	-2.50	-3.31

3.4 本章小结

通过回转式钢筋接缝的典型应用范围和其构造类型而制作的三个试件进行疲劳试验以及疲劳之后的纯弯静载试验，对回转式钢筋接缝在疲劳荷载作用下的疲劳性能进行验证，分析了回转式钢筋接缝在疲劳荷载作用下性能退化的特点，可以得出如下主要试验结论：

（1）三个试件在疲劳荷载的作用下整体表现良好，试件疲劳性能较好。

（2）三个试件在不同的疲劳循环次数之后进行静力加载的过程中，通过观察对比它们的荷载—位移曲线可以发现,荷载—位移曲线基本呈线性增长,试件整体处于弹性阶段,并且不同疲劳循环次数之后,试件的荷载—位移曲线斜率变化很小,意味着试件的刚度也变化很小。

（3）三个试件在不同疲劳循环次数后静力加载所对应的试件峰值位移变化很小,这表明试件在不同的疲劳循环次数之后其刚度也变化很小。

（4）三个试件在不同疲劳循环次数中钢筋的平均应变幅变化很小,这表明疲劳循环荷载对于钢筋的受力没有太大的影响,试件在疲劳荷载作用下的结构性能是可靠的。

（5）三个试件在疲劳前以及200万次疲劳后进行静力加载的过程中,混凝土及钢筋的应变片的应变值变化几乎可以忽略不计,这表明疲劳荷载施加前后,疲劳循环荷载对结构混凝土及钢筋的受力性能影响不大,试件具有良好的疲劳性能。

第 4 章
CHAPTER 4

回转式钢筋接缝受力特性与承载能力机理研究

混凝土材料特性及接缝内受力形式复杂,本章对相关理论进行总结,为后续的理论研究提供基础。

4.1 研究概述

4.1.1 混凝土塑性理论

混凝土塑性损伤模型可以较为准确地模拟混凝土材料的塑性行为,假定混凝土材料有受拉和受压两种失效模式。屈服面和破坏面由 $\tilde{\varepsilon}_t^{pl}$ 和 $\tilde{\varepsilon}_c^{pl}$ 两个硬化变量控制, $\tilde{\varepsilon}_t^{pl}$ 和 $\tilde{\varepsilon}_c^{pl}$ 分别表示拉伸和压缩等效塑性应变。

1)单轴拉伸和压缩荷载

混凝土的单轴拉伸和压缩性能描述如图 4-1、图 4-2 所示。

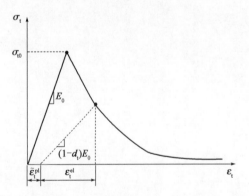

图 4-1 混凝土单轴受拉应力应变关系

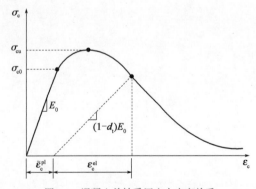

图 4-2 混凝土单轴受压应力应变关系

混凝土在承受单轴拉伸时,认为在破坏应力前混凝土的应力应变关系为线弹性,构图应力达到破坏应力时,产生微裂纹,从而使材料宏观力学性能软化。混凝土在承受单轴压缩时,混凝土应力在达到初始屈服应力值之前为线弹性,之后经历硬化和软化两个阶段。

$$\sigma_t = \sigma_t(\tilde{\varepsilon}_t^{pl}, \dot{\tilde{\varepsilon}}_t^{pl}, \theta, f_i) \tag{4-1}$$

$$\sigma_c = \sigma_c(\tilde{\varepsilon}_c^{pl}, \dot{\tilde{\varepsilon}}_c^{pl}, \theta, f_i) \tag{4-2}$$

式中：$\tilde{\varepsilon}_t^{pl}$、$\tilde{\varepsilon}_c^{pl}$——分别表示拉伸和压缩等效塑性应变；

$\dot{\tilde{\varepsilon}}_t^{pl}$、$\dot{\tilde{\varepsilon}}_c^{pl}$——分别表示拉伸和压缩等效塑性应变率；

θ——温度；

$f_i(i=1,2,\cdots)$——其他预定义场。

当混凝土在软化段卸载时,此时混凝土的弹性刚度由于发生损伤而降低,损伤情况可以通过两个损伤变量 d_t 和 d_c 表示：

$$d_t = d_t(\tilde{\varepsilon}_t^{pl}, \theta, f_i) \tag{4-3}$$

$$d_c = d_c(\tilde{\varepsilon}_c^{pl}, \theta, f_i) \tag{4-4}$$

单轴拉伸和压缩荷载作用下的混凝土的应力—应变关系为：

$$\sigma_t = (1-d_t)E_0(\varepsilon_t - \tilde{\varepsilon}_t^{pl}) \tag{4-5}$$

$$\sigma_c = (1-d_c)E_0(\varepsilon_c - \tilde{\varepsilon}_c^{pl}) \tag{4-6}$$

混凝土的有效拉伸和压缩应力为：

$$\tilde{\sigma}_t = E_0(\varepsilon_t - \tilde{\varepsilon}_t^{pl}) \tag{4-7}$$

$$\tilde{\sigma}_c = E_0(\varepsilon_c - \tilde{\varepsilon}_c^{pl}) \tag{4-8}$$

2）拉伸硬化

钢筋混凝土中,后继破坏行为是指后继应力与开裂应变之间的关系,如图4-3所示。开裂应变为总应变减去未发生损伤的混凝土的弹性应变,即：

$$\tilde{\varepsilon}_t^{ck} = \varepsilon_t - \frac{\sigma_t}{E_0} \tag{4-9}$$

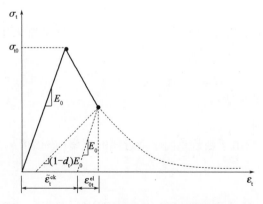

图 4-3　定义拉伸硬化的开裂应变示意图

在素混凝土或者配筋较少的混凝土中,定义混凝土的应变软化可能会导致结构出现网格敏感性,即计算结果可能因网格的变化而变化,这是由于网格细化后导致裂纹带变窄。如果裂纹集中出现在局部位置时网格敏感性问题比较突出。裂纹均匀分布时结构的网格敏感性不明显。Hilleborg(1976)提出的断裂能方法可以有效解决上述问题,Hilleborg 力用脆性断裂概念,定义断裂能为混凝土 I 型裂纹张开单位面积所需要的能量。采用该方法时,混凝土的材料力学性能通过应力位移关系定义。

断裂能开裂准则可通过定义后继破坏应力与开裂位移的关系来实现,如图 4-4 所示。

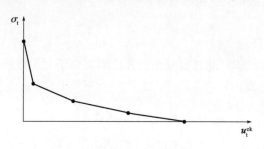

图 4-4　后继应力与位移关系曲线

3)混凝土塑性

(1)有效应力不变量

有效应力可表示为:

$$\bar{\sigma} = D_0^{\text{el}} : (\varepsilon - \varepsilon^{\text{pl}}) \tag{4-10}$$

塑性流动势函数和屈服面由两个有效应力不变张量表示,即静水压力:

$$\bar{p} = -\frac{1}{3}\text{trace}(\bar{\sigma}) \tag{4-11}$$

Mises 等效应力:

$$\bar{q} = \sqrt{\frac{3}{2}(\bar{S} : \bar{S})} \tag{4-12}$$

S 为有效应力偏量,定义为:

$$\bar{S} = \bar{\sigma} + \bar{p}I \tag{4-13}$$

(2)塑性流动

混凝土损伤塑性模型采用非相关联势塑性流动。模型中所采用的流动势 G 为 Drucker-Prager 抛物线函数,即:

$$G = \sqrt{(\in \sigma_{t0}\tan\psi)^2 + q^2} - \bar{p}\tan\psi \tag{4-14}$$

式中:ψ——$p-q$ 平面上的剪胀角;

σ_{t0}——破坏时的单轴应力;

$\in$——偏移量参数,给出了函数趋向于渐近线的速率(当该值趋近于零时,流动势接近于直线)。

(3)屈服函数

模型考虑了在拉伸和压缩作用下材料具有不同的强度特征,该模型由 Lublinear(1989)提出,并由 Le 和 Fenves(1998)修正。

$$F = \frac{1}{1-\alpha}(\bar{q} - 3\alpha\bar{p} + \beta\tilde{\varepsilon}^{pl}\langle\hat{\bar{\sigma}}_{max}\rangle - \gamma\langle-\hat{\bar{\sigma}}_{max}\rangle) - \bar{\sigma}_c(\tilde{\varepsilon}_c^{pl}) = 0 \quad (4\text{-}15)$$

$$\alpha = \frac{\sigma_{b0}/\sigma_{c0} - 1}{2\sigma_{b0}/\sigma_{c0} - 1} \quad 0 \leq \alpha \leq 0.5 \quad (4\text{-}16)$$

$$\beta = \frac{\bar{\sigma}_c(\tilde{\varepsilon}_c^{pl})}{\bar{\sigma}_t(\tilde{\varepsilon}_t^{pl})}(1-\alpha) - (1+\alpha) \quad (4\text{-}17)$$

$$\gamma = \frac{3(1-K_c)}{2K_c - 1} \quad (4\text{-}18)$$

式中:$\hat{\bar{\sigma}}_{max}$——最大有效主应力;

σ_{b0}/σ_{c0}——初始等效双轴压缩屈服应力与初始单轴压缩屈服应力之比;

K_c——拉伸子午线和压缩子午线的第二应力不变量之比,取值在 0.5~1.0,如图 4-5 所示;

$\bar{\sigma}_t(\tilde{\varepsilon}_t^{pl})$——受拉有效黏聚力;

$\bar{\sigma}_c(\tilde{\varepsilon}_c^{pl})$——受压有效黏聚力。

平面应力条件下,偏应力平面上的典型屈服面如图 4-6 所示。

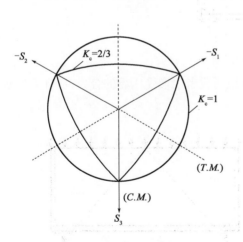

图 4-5 屈服面与 K_c 的关系

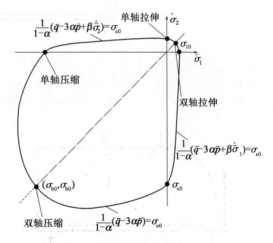

图 4-6 偏应力平面上的屈服面

4.1.2 拉压杆模型

在混凝土梁桥的设计计算中,很多规范将结构划分为 B 区和 D 区(AASHTO、CSA International Canadian Highway Bridge Design Code、ACI、《公预规》),B 区是指符合平截面假定的结构区域,D 区是指截面应变分布规律呈现明显非线性的结构区域,D 区的形成主要由集中力作用和截面几何尺寸突变两个因素导致,如图 4-7 所示。

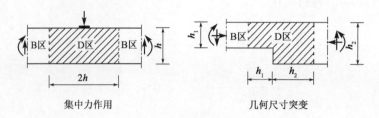

图 4-7　B 区、D 区分布

拉压杆模型由桁架模型衍生而出,被认为是 D 区设计的一种实用方法,在 AASHTO、ACI、CSA 及我国《公预规》中,均推荐使用该方法进行 D 区设计。

1) 模型组成

拉压杆模型是从混凝土结构连续体内抽象出的一种简化力流分析模型,由压杆、拉杆和结点组成,用以反映结构内部的传力路径,如图 4-8 所示。

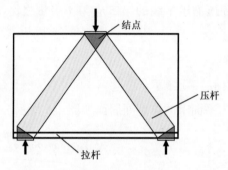

图 4-8　拉压杆模型组成

压杆是拉压杆模型中的受压构件,代表平行受压场或者扇形受压场的合力,压杆的形状有①棱柱形、②瓶形和③扇形三种类型,如图 4-9 所示。

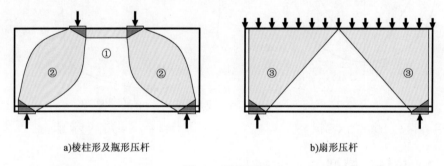

a) 棱柱形及瓶形压杆　　　　　　b) 扇形压杆

图 4-9　压杆形状

瓶形压杆中力流发生侧向扩展,从而产生横向劈裂力,为简化设计,瓶形压杆常简化为截面均匀变化的棱柱形压杆,并配置横向钢筋来控制劈裂力产生的裂缝。应该配置正交钢筋网,也可以采用单一方向配筋,此时钢筋与压杆轴向的夹角应大于 40°(ACI)。ACI 规范和 AASHTO 规范对配筋的具体有求有所差异,ACI 规范配筋要求为:

$$\sum \frac{A_{si}}{b_w s_i} \sin\alpha_i \geq 0.003 \qquad (4\text{-}19)$$

式中：s_i——钢筋间距；

A_{si}——s_i 间距内穿过压杆的钢筋截面积；

b_w——压杆厚度；

α_i——钢筋与压杆轴向的夹角。

AASHTO 规范配筋要求为：

$$\frac{A_v}{b_w s_v} \geq 0.003 \text{ 且 } \frac{A_h}{b_w s_h} \geq 0.003 \qquad (4\text{-}20)$$

式中：b_w——压杆厚度；

s_v、s_h——分别是竖向配筋和横向配筋的间距；

A_v、A_h——分别是 s_v 和 s_h 范围内穿过压杆的钢筋面积。

拉杆是拉压杆模型中的受拉构件，由配筋和其周围一部分混凝土组成，设计中混凝土的抗拉作用不予考虑，但考虑其对钢筋伸长的限制作用。

结点是拉压杆模型中，拉杆、压杆及集中力相交的点，如图 4-10 所示。应至少有三个力作用在结点上，对于平面内有三个以上作用力相交的结点，可以将某些力合成，形成三个作用力相交的结点。根据结点上力的性质可分为 C-C-C、C-C-T、C-T-T、T-T-T 四种结点类型。

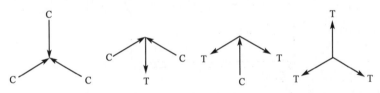

图 4-10　结点类型

根据结点区力流转向的明确程度，结点可分为集中结点和弥散结点。集中结点处，一般至少有一个明确的边界力作用面；弥散结点代表一个力流转向区，其边界往往不明晰，在此处压杆和拉杆的交汇范围比较宽，一般无须进行结点承载力验算。

2) 设计步骤

采用拉压杆模型进行结构设计时，应遵循以下步骤：

(1) 根据结构边界条件及受力情况，确定 B 区和 D 区的范围。

(2) 建立 D 区的拉压杆模型。

(3) 根据 D 区边界条件和拉压杆模型的受力平衡条件，求解模型中各杆件的内力。

(4) 进行拉杆、压杆和结点的强度验算，验算材料强度、配筋及构造尺寸是否满足要求。

(5) 若验算不通过，对拉压杆模型的构形甚至结构尺寸进行调整，并重复以上步骤；若验算通过，再根据构造要求进行详细配筋设计。

3) 强度验算

对拉杆、压杆进行强度验算，抗力设计值计算公式如下：

$$P_r = \phi P_n \tag{4-21}$$

式中：P_r——结构抗力设计值；
P_n——名义抗力；
ϕ——抗力系数。

(1) 压杆

无配筋压杆名义抗力：

$$P_n = f_{ce} A_{cs} \tag{4-22}$$

式中：P_n——名义抗力；
f_{ce}——压杆混凝土有效抗压强度；
A_{cs}——压杆的有效横截面积。

含配筋压杆，若配置了平行压杆轴向的钢筋，且构造上能保证压筋屈服，则压杆名义抗力：

$$P_n = f_{ce} A_{cs} + f'_y A'_s \tag{4-23}$$

式中：P_n——名义抗力；
f_{ce}——压杆混凝土有效抗压强度；
A_{cs}——压杆的有效横截面积；
f'_y——平行压杆轴向配筋的屈服强度；
A'_s——平行压杆轴向配筋的横截面积。

ACI 规范和 AASHTO 规范对压杆混凝土的有效抗压强度具体数值规定有所差异。ACI 规范规定压杆混凝土的有效抗压强度为：

$$f_{ce} = 0.85 \beta_s f'_c \tag{4-24}$$

式中：f'_c——圆柱体混凝土抗压强度；
β_s——考虑开裂和约束配筋对压杆中混凝土有效抗压强度影响的系数，对等截面压杆取 1.0，对于瓶形压杆，考虑压杆开裂对承载力的影响，满足配筋要求时取 0.75，不满足配筋要求时取 0.6（普通混凝土取 1.0），对受拉构件中的压杆取 0.4，其他情况取为 0.6。

AASHTO 规范规定压杆混凝土的有效抗压强度为：

$$f_{ce} = \frac{f'_c}{0.8 + 170\varepsilon_1} \leq 0.85 f'_c \tag{4-25}$$

$$\varepsilon_1 = \varepsilon_s + (\varepsilon_s + 0.002) \cot^2 \alpha_s \tag{4-26}$$

式中：ε_s——拉杆钢筋拉伸应变；
α_s——拉杆与压杆作用线的夹角。

(2) 拉杆

对于不含预应力筋的拉杆，名义抗力为：

$$P_n = f_y A_{st} \tag{4-27}$$

式中：P_n——名义抗力；
f_y——拉杆钢筋的屈服强度；
A_{st}——拉杆钢筋的横截面积。

同时应该保证拉杆钢筋的良好锚固。

(3) 结点

结点的名义抗力为：

$$P_n = f'_{ce} A_{nz} \quad (4-28)$$

式中：P_n——名义抗力；

f'_{ce}——结点混凝土有效抗压强度；

A_{nz}——结点计算面积。

ACI 规范和 AASHTO 规范均认为结点的受力类型会影响混凝土的强度，$f'_{ce} = 0.85\beta_n f'_c$，$\beta_n$ 为结点混凝土强度影响系数，两个规范对影响系数的取值有所区别。ACI 规范对支座和压杆交成的结点取为 1.0，包含一个拉杆的结点取为 0.8，包含至少两个拉杆的结点取为 0.6；AASHTO 规范对支座和压杆交成的结点取为 0.595，包含一个拉杆的结点取为 0.525，包含至少两个拉杆的结点取为 0.455。

4.2 有限元分析方法

ABAQUS 是一款功能强大的有限元通用软件，可用于分析模拟复杂模型，求解高度非线性问题。ABAQUS/Explicit（动态显式）模块可用于求解非线性动力学问题，且可用于模拟准静态加载，同时对解决接触非线性问题也比较有效。

本节利用 ABAQUS/Explicit 模块对回转式钢筋接缝在承受轴拉荷载作用下的响应进行有限元分析。

4.2.1 材料

1) 混凝土

由于模型关注的受力部位为接缝，因此预制板混凝土采用弹性模型。接缝混凝土本构模型采用塑性损伤模型，混凝土受压的本构关系参考《FIB 混凝土结构模型规范》的规定，采用压应力与应变的关系进行表征，混凝土受压应力—应变关系曲线如图 4-11 所示。

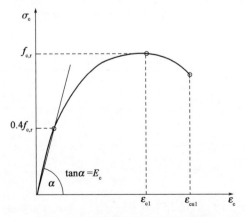

图 4-11 混凝土受压应力—应变曲线

在 $\sigma_c < 0.4f_{c,r}$ 时认为混凝土保持弹性，$\sigma_c > 0.4f_{c,r}$ 时，混凝土的应力应变关系满足下列公式：

$$\sigma_c = \frac{k\eta - \eta^2}{1 + (k-2)\eta} f_{c,r} \tag{4-29}$$

其中：

$$\eta = \frac{\varepsilon_c}{\varepsilon_{c1}}$$

$$k = \frac{1.05 E_c \varepsilon_{c1}}{f_{c,r}}$$

以上式中及图中：$f_{c,r}$——混凝土压应力代表值，可根据实际结构分析需要选取；

ε_{c1}——混凝土压应变峰值；

ε_{cu1}——混凝土极限压应变。

混凝土压应变数值取值见表 4-1。

混凝土压应变取值　　　　　　　　表 4-1

混凝土等级	C30	C37	C45	C50	C55	C60
ε_{c1}(‰)	2.1	2.2	2.25	2.3	2.4	2.45
ε_{cu1}(‰)	3.5					

由以上结果可知，混凝土受拉达到最大应力前处于弹性，达到最大应力后混凝土受拉的本构关系参考《FIB 混凝土结构模型规范》的规定，采用拉应力与缝宽的关系进行表征，如图 4-12 所示。

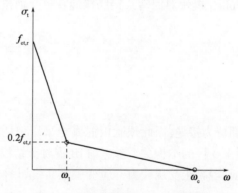

图 4-12　混凝土受拉应力—缝宽曲线

混凝土材性数据，见表 4-2。

混凝土材性数据　　　　　　　　表 4-2

强度等级	C35	C40	C45	C50	C55	C60
弹性模量($\times 10^4$ MPa)	3.15	3.25	3.35	3.45	3.55	3.6
抗压强度标准值(MPa)	23.4	26.8	29.6	32.4	35.5	38.5
抗拉强度标准值(MPa)	2.2	2.4	2.51	2.65	2.74	2.85

$$\sigma_{ct} = f_{ct,r}\left(1 - 0.8\frac{\omega}{\omega_1}\right) \quad \omega \leq \omega_1 \tag{4-30}$$

$$\sigma_{ct} = f_{ct,r}\left(0.25 - 0.05\frac{\omega}{\omega_1}\right) \quad \omega_1 < \omega \leq \omega_c \tag{4-31}$$

其中：
$$\omega_1 = \frac{G_F}{f_{ct,r}}$$

$$\omega_c = \frac{5G_F}{f_{ct,r}}$$

以上式中：$f_{ct,r}$——混凝土拉应力代表值，可根据实际结构分析需要选取；

ω——缝宽，mm；

G_F——断裂能，$G_F = 73 f_{c,r}^{0.18}$，N/m。

钢筋密度 2500kg/m³，泊松比 0.2，弹性模量按《公预规》的规定，取混凝土的标准值作为结构分析的代表值。

2）钢筋

为明确横向钢筋在回转式钢筋接缝受力中的作用，钢筋本构采用双折线模型，如图 4-13 所示。

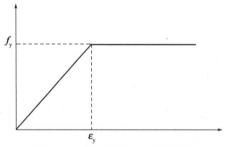

图 4-13 钢筋受拉应力—应变曲线

钢筋密度 7850kg/m³，泊松比 0.3，弹性模量取为 2.06×10^5 MPa。

4.2.2 单元

预制板混凝土、接缝混凝土、回转式钢筋、横向钢筋均采用六面体单元 C3D8R 模拟。

4.2.3 相互作用

1）钢筋混凝土相互作用

回转式钢筋和横向钢筋采用实体单元，采用接触模拟回转式钢筋与混凝土之间的相互作用。为简化模型，钢筋模型为光圆表面，采用黏结滑移曲线模拟钢筋与混凝土之间的黏结作用，如图 4-14 所示，其中实线为拔出破坏的黏结滑移曲线，虚线为劈裂破坏的黏结滑移曲线。

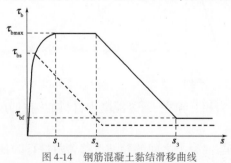

图 4-14 钢筋混凝土黏结滑移曲线

$$\tau_b = \begin{cases} \tau_{bmax}(s/s_1)^\alpha & 0 \leqslant s < s_1 \\ \tau_{bmax} & s_1 \leqslant s < s_2 \\ \tau_{bmax} - (\tau_{bmax} - \tau_{bf})(s - s_2)/(s_3 - s_2) & s_2 \leqslant s < s_3 \\ \tau_{bf} & s_3 \leqslant s \end{cases} \quad (4\text{-}32)$$

黏结滑移参数,见表4-3。

黏结滑移参数　　　　　表4-3

参数	破坏形式	
	拔出	劈裂
τ_{bmax}	$2.5\sqrt{f_{c,r}}$	$2.5\sqrt{f_{c,r}}$
τ_{bs}	—	$8(f_{c,r}/25)^{0.25}$
s_1	1mm	$s(\tau_{bs})$
s_2	2mm	s_1
s_3	s_{clear}	$0.5s_{clear}$
α	0.4	0.4
τ_{bf}	$0.4\tau_{bmax}$	$0.4\tau_{bs}$

注:s_{clear}为钢筋肋之间的净距。根据《钢筋混凝土用钢 第2部分:热轧带肋钢筋》(GB/T 1499.2—2018)[30],对于公称直径20mm的带肋钢筋,$s_{clear}=8mm$。

由于ABAQUS中黏结性能的本构模型为双折线模型,因此对规范规定的黏结滑移曲线进行简化,采用混凝土拔出破坏的黏结滑移曲线,$\tau_{bmax}=14.3MPa$,$s_1=1mm$,$s_2=1mm$,$s_3=8mm$。如图4-15所示,对于滑移量超过s_3时钢筋与混凝土之间的黏结应力采用摩擦力模拟,钢筋与混凝土之间的摩擦系数取为0.4。

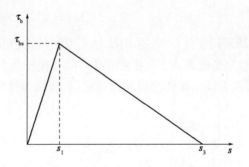

图4-15　钢筋混凝土黏结滑移简化曲线

混凝土和钢筋的力学行为相互独立,通过混凝土材料的"拉伸硬化"来模拟钢筋在混凝土开裂后的传递荷载的作用。

建立有限元模型对钢筋与混凝土之间的黏结滑移参数进行验证,有限元模型如图4-16所示。钢筋直径20mm,钢筋埋置深度250mm,混凝土端部固定,在钢筋和混凝土之间建立黏结滑移关系,在钢筋端部施加位移荷载,作出钢筋的黏结滑移曲线,如图4-17所示。可以看到,模拟得到的钢筋黏结滑移曲线与理论值吻合很好,采用该黏结滑移参数能较准确地模拟钢筋与混凝土之间的相互作用。

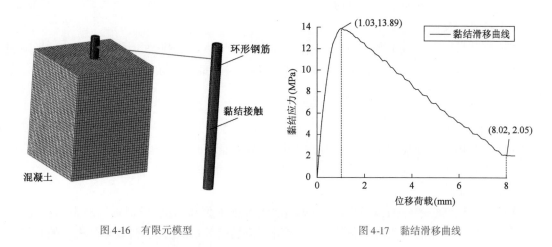

图4-16 有限元模型　　　　　　　　图4-17 黏结滑移曲线

2) 新老混凝土之间相互作用

极限状态下,界面新老混凝土之间的相互作用对接缝内部的影响很小,因此,在轴拉荷载作用下不考虑新老混凝土之间的相互作用。

4.2.4 模型建立

1) 材料特性

由第2章可知,混凝土的立方体抗压强度平均值为59.5MPa,根据《公预规》[16]混凝土棱柱体抗压强度为0.8倍的立方体抗压强度,取为47.6MPa,根据《公预规》3.1条对混凝土材料的相关规定,取混凝土抗拉强度为3.05MPa,弹性模量取为36000MPa。

为模拟真实的钢筋材性,钢筋本构采用二次流塑性模型[34],如图4-18所示,钢筋应力应变的关系式为:

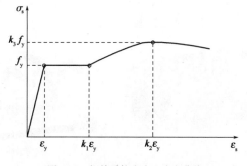

图4-18 钢筋受拉应力—应变曲线

$$\sigma_s = k_3 f_y + \frac{E_s(1-k_3)}{\varepsilon_y(k_2-k_1)^2}(\varepsilon_s - k_2 f_y)^2 \tag{4-33}$$

式中：k_1、k_2、k_3——系数；

f_y——钢筋屈服应力；

ε_y——屈服时钢筋弹性应变；

其余符号意义同前。

本节模型采用 HRB400 钢筋，取 $k_1=12, k_2=120, k_3=1.15$，钢筋屈服强度 400MPa，极限强度取 520MPa。钢筋密度 7850kg/m³，泊松比 0.3，弹性模量取为 2.06×10^5MPa。

2）边界条件

（1）边界约束

在两个对称面上施加相应方向的对称约束，回转式钢筋自由端施加纵向位移，在施加位移荷载相对的混凝土面上施加固定约束。边界条件示意图如图 4-19 所示。

（2）位移荷载

在回转式钢筋少的一侧，对回转式钢筋端部缓慢施加位移荷载，模拟轴拉静力加载过程，为使模型在计算开始时形成稳定条件，采用光滑幅值的荷载加载方式，荷载与分析步的时间关系如图 4-20 所示，加载步共 200 步。

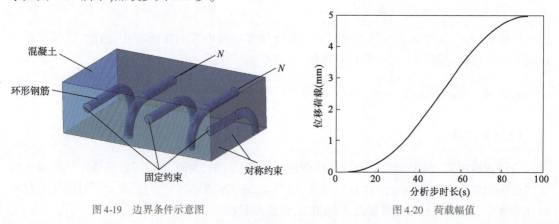

图 4-19 边界条件示意图　　　　图 4-20 荷载幅值

3）有限元模型

试件 T5-1A 和 T5-2A 的有限元模型如图 4-21、图 4-22 所示，为保证横向钢筋的有效锚固，在钢筋端部形成扩大头，扩大头与混凝土接触面进行耦合。

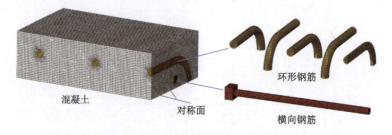

图 4-21 1/4 有限元模型示意图（T5-1）

图 4-22　1/4 有限元模型示意图（T5-2）

4.2.5　受拉模式与试验结果验证

建立试件 T5-1A 和 T5-2A 的有限元模型，与试验结果从受力状态及承载能力两方面进行对比。

对 T5-1A 和 T5-2A 试件进行有限元模拟，得到的有限元荷载—位移曲线与试验值对比如图 4-23 所示。

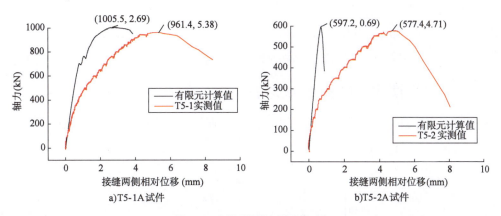

图 4-23　有限元结果与试验值对比

通过两组试件的有限元结果与试验实测值的比较，可以看出有限元对于承载力的模拟比较准确，由于实测位移为接缝界面两侧，有限元计算值不包括界面开裂，因此，结构刚度的模拟有所差异。

对不同位置的回转式钢筋承载能力进行分析，根据不同位置回转式钢筋的支反力判别回转式钢筋的承载能力，试验采用的回转式钢筋布置形式为"4 to 5"，对于边界固定的回转式钢筋，横向上由外向内共有三种位置，编号分别为 1 号、2 号、3 号，如图 4-24 所示。

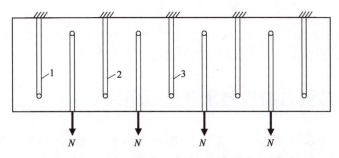

图 4-24　不同位置横向钢筋示意图

回转式钢筋的支反力与位移荷载关系曲线如图 4-25 所示,可以看出对于有无横向钢筋的接缝结构,1 号回转式钢筋的支反力较小,2 号和 3 号回转式钢筋的支反力较大,且两个位置钢筋的支反力基本一致。因此,可以推断,按支反力分布形式可将回转式钢筋分为最外侧回转式钢筋和内部回转式钢筋两种,能代表回转式钢筋接缝受力特性的最少的钢筋布置形式为"2to3"。

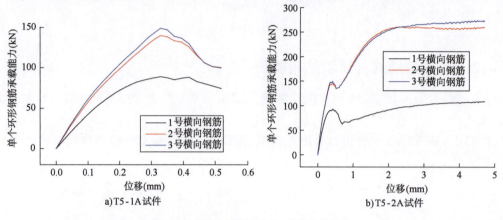

图 4-25 回转式钢筋支反力—位移关系曲线

4.2.6 受弯模式与试验结果验证

对 B7-2B 试件进行有限元模拟,得到的有限元荷载—位移曲线与试验值对比如图 4-26 所示。

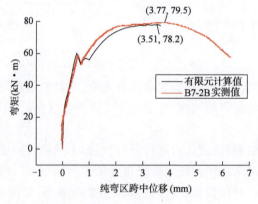

图 4-26 有限元与试验荷载—位移曲线

通过试件的有限元结果与试验实测值的比较,可以看出有限元计算与试验得到的荷载—位移曲线基本吻合,有限元对于刚度和承载力的模拟准确。

4.3 轴拉受力特性与承载机理研究

分析加载过程中混凝土的开裂情况,利用软件结果扩展功能得到完整结构的结果,如图 4-27 所示。由图可知:荷载步 37 时,在环筋数量少一侧的钢筋端部和最外侧回转式钢筋之间形成裂纹,此时的荷载约为 0.5 倍的最大荷载;荷载步 39 时,在最外侧回转式钢筋之间形成对角裂缝,此时的荷载约为 0.55 倍的最大荷载;荷载步 41 时,内部回转式钢筋之间出现裂缝,试件的上表面靠外侧也开始出现裂纹;荷载步 45 时,内部回转式钢筋之间形成对角裂缝,试件的上表面也出现对角裂缝,此时的荷载约为 0.62 倍最大荷载;荷载步 52 时,在回转式钢筋数量少的一侧,外侧回转式钢筋处的混凝土出现劈裂裂缝,之后裂缝继续扩展,至荷载步 71 时裂缝基本发展完全,不再产生新的裂缝,此时的荷载约为 0.78 倍最大荷载。

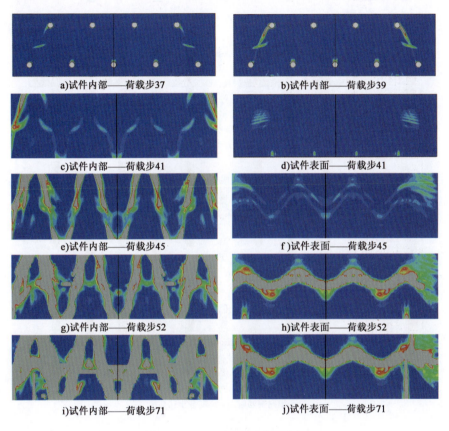

图 4-27　T5-1A 试件裂缝发展模式

图 4-28 所示是试件加载过程中横向钢筋轴向应力的分布图,由横向钢筋变化图可知,横向钢筋并非单纯地承受拉力作用,在回转式钢筋下方的横向钢筋受力较大,靠近圆环的一侧受压,远离圆环的一侧受拉,这与试验过程中横向钢筋的应变测量结果相吻合。且横向上靠接缝内的横向钢筋比靠外的横向钢筋受力更大。荷载步 63 时,横向钢筋拉应力达到屈服强度,荷载步 77 时,压应力也达到屈服强度,随着荷载的增大,横向钢筋的拉压应力继续增加,直至达到极限强度,此时试件的承载力达到最大值。

图 4-29 所示为破坏时回转式钢筋截面混凝土的裂缝分布的模拟结果和试验结果对比,裂缝自回转式钢筋顶点处沿圆弧段分布,在圆弧段末端附近延伸至混凝土表面。

图 4-30 所示为破坏时混凝土上表面的裂缝分布和试验结果对比,混凝土的上下表面也形成对角裂缝,但对角裂缝的折点不是回转式钢筋端部,对角裂缝的角度比内部裂缝更缓。

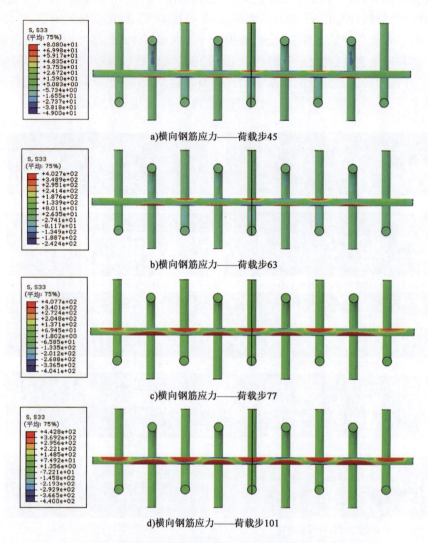

图 4-28　横向钢筋轴向应力（单位：MPa）

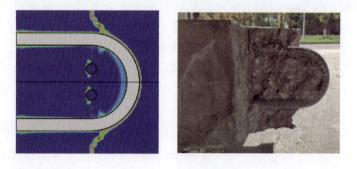

图 4-29　回转式钢筋处裂缝分布

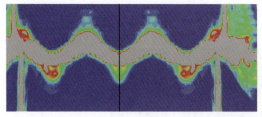

图 4-30 混凝土上表面裂缝分布

从裂缝发展及试件的破坏形态上看,有限元结果与试验结果吻合较好,能准确反映回转式钢筋接缝的受力状态。

4.4 抗弯受力特性与承载机理研究

分析加载过程中混凝土的开裂情况,利用软件结果扩展功能得到完整结构的结果,如图 4-31 所示。由图可知:首先在界面处形成竖向裂缝;荷载步 50 时,界面的裂缝通过回转式钢筋;荷载步 67 时,接缝内部开始出现竖向裂缝,受拉区混凝土也开始出现对角裂缝;荷载步 74 时,接缝内部形成新的竖向裂缝;随着荷载的增加,裂缝不断扩展,直至荷载步 80 时,裂缝发展较完全,不再产生新的裂缝,直至试件破坏。

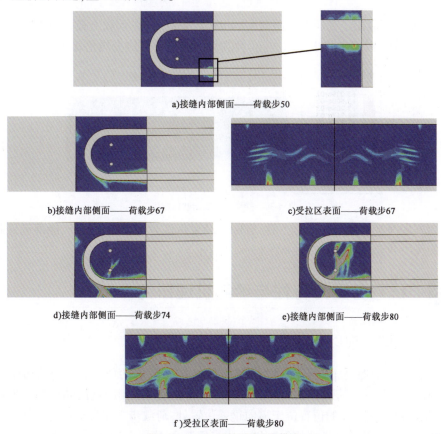

图 4-31 B7-2B 试件裂缝发展模式

图 4-32 所示为破坏时试件侧面混凝土的裂缝分布的模拟结果和试验结果对比,主裂缝为接缝内部的裂缝,受拉区的裂缝基本呈竖向,靠近受压区时为斜向裂缝。

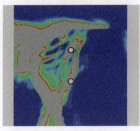 

图 4-32　回转式钢筋处裂缝分布

图 4-33 所示为破坏时混凝土受拉区表面的裂缝分布和试验结果对比,在受拉区表面形成对角裂缝。

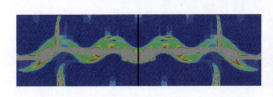 

图 4-33　混凝土受拉区表面裂缝分布

以 0.0035 作为混凝土受压的极限应变,如图 4-34 所示,在承载力最大时混凝土的塑性应变在 0.002~0.003,混凝土并未压溃,与实验测得的混凝土压应变结果相吻合。

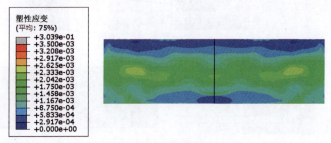

图 4-34　受压区混凝土塑性应变

从裂缝发展及试件的破坏形态上看,有限元结果与试验结果吻合较好,能准确反映回转式钢筋接缝的受力状态。

4.5　抗弯剪受力特性与承载机理研究

4.5.1　裂缝发展以及破坏形态

分析加载过程中混凝土的开裂情况,利用软件结果扩展功能得到完整结构的结果,如图 4-35 所示。由图可知:荷载步 27 时,在回转式钢筋数量少一侧的钢筋端部和最外侧回转式钢筋之间形成裂纹,且裂纹的位置位于横向钢筋位置处;荷载步 30 时,在横向钢筋位置处沿回转式钢筋数量少的一侧的回转式钢筋端部形成多条裂纹;荷载步 32 时,在最外侧回转式钢筋之间形成对角裂缝,试件的下表面也出现对角裂缝;荷载步 34 时,在回转式钢筋数量少的一侧的外侧回转式钢筋处的混凝土出现劈裂裂缝,之后其余裂缝继续扩展;荷载步 48 时,内部回转式钢筋之间都形成对角裂缝,裂缝基本发展完全,不再产生新的裂缝。

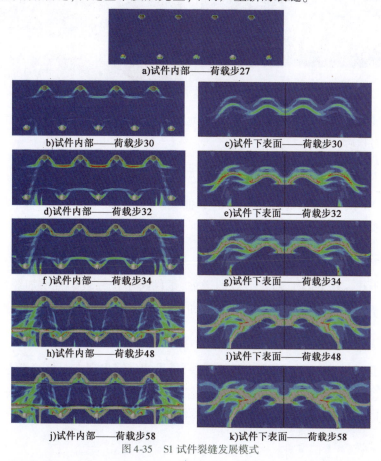

图 4-35　S1 试件裂缝发展模式

图 4-36 为破坏时回转式钢筋截面混凝土的裂缝分布的模拟结果和试验结果对比,裂缝自回转式钢筋顶点处沿圆弧段分布,在圆弧段末端附近延伸至混凝土下表面。

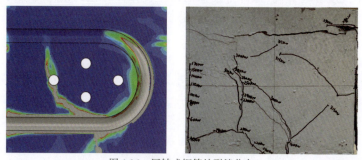

图 4-36　回转式钢筋处裂缝分布

图 4-37 所示为破坏时混凝土下表面的裂缝分布和试验结果对比,混凝土的下表面也形成对角裂缝并存在劈裂裂缝,其中对角裂缝的折点不是回转式钢筋端部,对角裂缝的角度比内部裂缝更缓。

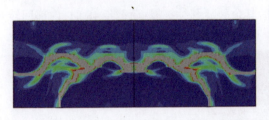
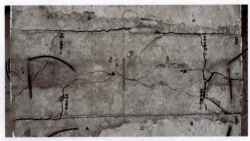

图 4-37 混凝土下表面裂缝分布

从裂缝发展及试件的破坏形态上看,有限元结果与试验结果吻合较好,能准确反映回转式钢筋接缝的受力状态。

4.5.2 试件荷载—位移曲线分析

图 4-38 为 S1 试件有限元模拟荷载—位移曲线图。由图可知,试件的整个加载的过程中,荷载—位移曲线分为三个阶段:

1) 弹性工作阶段

在荷载位于 0 ~ P_{cr} kN 内,随着荷载的增加,试件跨中位移较小且增加缓慢,荷载—位移曲线表现为一条斜率较大的直线,试件在这个阶段处于弹性工作阶段。

2) 带裂缝工作阶段

在荷载位于 P_{cr} ~ P_t kN 内,混凝土开始开裂,最早的裂缝出现在湿接缝新老混凝土交界面处,竖向裂缝数量迅速增加,混凝土内部配筋逐渐开始受力,荷载—位移曲线斜率略微降低。当荷载到达 P_t kN,试件下表面以及内部出现对角裂缝,钢筋开始屈服。

3) 破坏阶段

在加载力 P_t ~ P_u kN 内,随着荷载的增加,纵向受拉钢筋逐渐达到极限强度,裂缝数量基本保持不变,跨中挠度显著提高,试件中性轴上移,结构进入极限状态。在该阶段内,荷载—位移曲线的斜率再次出现显著降低,荷载增长趋势变得十分缓慢。

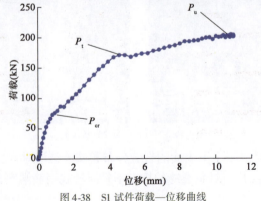

图 4-38 S1 试件荷载—位移曲线

4.5.3 纵向钢筋应力分析

图 4-39 所示为 S1 试件回转式钢筋应力分布的有限元计算结果。由图可知：荷载步 15 时，S1 试件交界面开裂，从而导致位于交界面附近的钢筋应力较大；荷载步 20 时，随着湿接缝另一侧交界面开裂，位于另一侧交界面附近的钢筋应力增大；荷载步 30 时，部分回转式钢筋应力已经达到了屈服应力；随着荷载的继续增加，位于内部的回转式钢筋起的作用更加明显，其钢筋应力较大的区域大于最外侧的回转式钢筋；荷载步 40～50 时，随着回转式钢筋屈服区域的增加，S1 试件的荷载—位移曲线缓慢上升达到试件的承载能力。

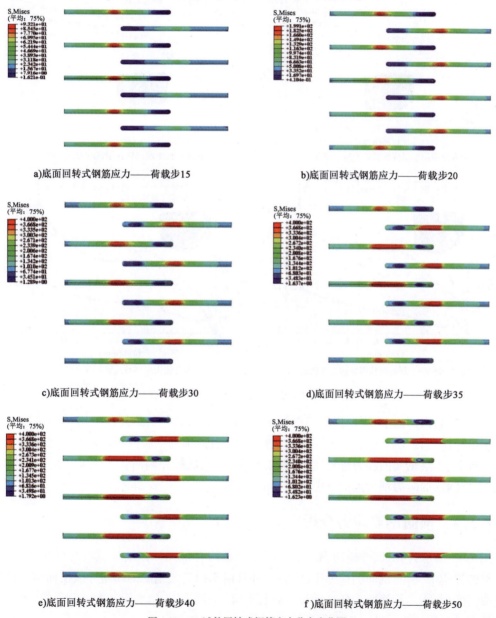

图 4-39 S1 试件回转式钢筋应力分布变化图

图4-40所示为回转式钢筋接缝位置处钢筋应力在弯剪荷载施加过程中的变化图,按照回转式钢筋在横向上的布置位置,将所研究的回转式钢筋分为最外侧回转式钢筋和内部回转式钢筋,然后按照回转式钢筋在截面上的位置,将所研究的回转式钢筋分为上层回转式钢筋和下层回转式钢筋。图4-40a)与图4-40b)分别为处于接缝内部中间和处于接缝最外侧的下层回转式钢筋的应力变化图;图4-40c)与图4-40d)分别为处于接缝内部中间和处于接缝最外侧的上层回转式钢筋的应力变化图。

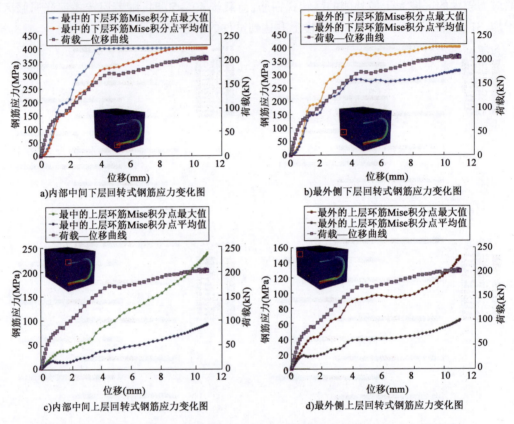

图4-40 S1试件接缝处回转式钢筋应力变化图

可以看出,内部的上、下层回转式钢筋在弯剪荷载的作用下,钢筋应力增加的速度与大小都大于最外侧回转式钢筋的上、下层回转式钢筋,并且内部的下层回转式钢筋最终达到了屈服应力。将上、下层钢筋的应力进行比较,可以发现,不论是最外侧回转式钢筋还是内部回转式钢筋,下层钢筋的应力都会远大于上层钢筋的应力。

4.5.4 横向钢筋应力分析

图4-41所示为S1试件横向钢筋轴向应力分布的有限元计算结果。由图可知,在荷载不断增加的过程中,横向钢筋的应力不断增加,并且由于回转式钢筋的作用导致横向钢筋存在局部弯曲的变形,横向钢筋既受压又受拉,靠近圆环的一侧受压,远离圆环的一侧受拉,横向钢筋应力较大的位置位于回转式钢筋位置处。

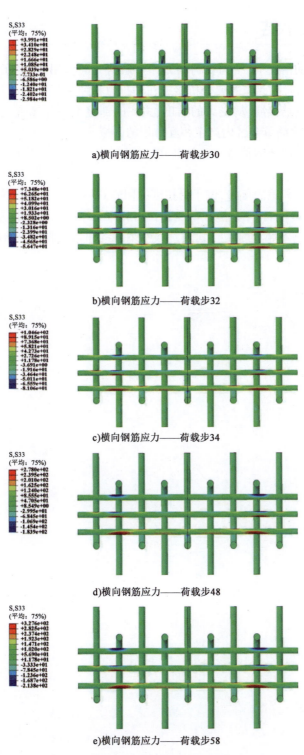

a) 横向钢筋应力——荷载步30

b) 横向钢筋应力——荷载步32

c) 横向钢筋应力——荷载步34

d) 横向钢筋应力——荷载步48

e) 横向钢筋应力——荷载步58

图4-41 S1试件横向钢筋轴向应力(单位:MPa)

4.6 本章小结

(1)在整体受力的情况下,结构受到轴力和弯矩的共同作用,相对于轴压力而言,轴拉力对结构的受力更为不利,因此应主要分析接缝在轴拉力和纯弯荷载作用下的受力性能。

(2)对于回转式钢筋接缝,从受力的角度,关注的部位不是新老混凝土界面之间的部位,而应该是两侧回转式钢筋重合区内产生相互作用的区域。

(3)对于承受轴拉荷载的接缝,该区域内的受力分析不应该采用平截面假定,可采用拉压杆模型进行分析。

(4)对于承受弯矩荷载的接缝,位于受拉区的回转式钢筋受力与轴拉荷载下有相似之处,若结构的破坏由受拉区控制,则接缝在承受轴拉力和弯矩作用下的承载力相关。

(5)对于承受弯剪荷载的接缝,其破坏发生在接合面处,按常规钢筋混凝土接缝设计即可。

第 5 章
CHAPTER 5
回转式钢筋接缝设计方法及应用技术

通过理论分析、试验验证和有限元分析,探讨了回转式钢筋湿接缝的承载能力、传力机理和破坏模式。本章在前文研究的基础上,提出回转式钢筋受力的基本模型及假定,分析回转式钢筋承载力的计算公式,并总结用于回转式钢筋结构设计的设计方法。

5.1 研究概述

接缝内部破坏有两种形式,一种是对侧混凝土之间不形成"重合区",此时对侧相邻回转式钢筋之间不存在相互作用,接缝的锚固机理是单侧回转式钢筋的锚固,此时破坏形式为单侧回转式钢筋锚固破坏,形成混凝土锥体拔出,该破坏形式为脆性破坏,在设计中应通过构造予以避免。当对侧混凝土之间形成"重合区",接缝内部破坏形式为混凝土压杆的失效,该破坏形式具有明显的延性,回转式钢筋屈服和"重合区"混凝土压杆失效是合理的破坏状态。

当回转式钢筋的间距较小时,相邻回转式钢筋之间存在"重合区","重合区"的存在使得单个回转式钢筋的锚固承载能力降低,如图 5-1 所示。

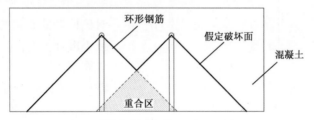

图 5-1 同侧回转式钢筋"重合区"示意图

当对侧也存在回转式钢筋,且有足够的重叠长度时,两个方向的回转式钢筋之间也存在"重合区"。与同侧回转式钢筋之间的"重合区"会降低承载力不同,对侧回转式钢筋之间的"重合区"会增加混凝土对回转式钢筋之间的锚固作用,从而导致锚固承载力提高,如图 5-2 所示。

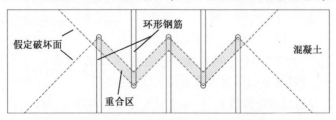

图 5-2 对侧回转式钢筋"重合区"示意图

对承受轴拉荷载作用下的回转式钢筋接缝进行结构设计,以回转式钢筋屈服荷载作为设计荷载,通过锚固模型和拉压杆受力模型选取合理的构造并进行承载力计算。对承受弯矩荷载作用下的回转式钢筋接缝进行结构设计,以钢筋通长的截面抗弯承载力作为设计荷载,通过回转式钢筋接缝抗弯承载力计算公式求得受拉区的设计荷载,然后回转式钢筋接缝受拉进行设计。设计时除通过构造避免脆性破坏外,还需保证横向钢筋的有效锚固,回转式钢筋弯曲内径构造和钢筋与混凝土之间的有效黏结。接缝的拉弯破坏由受拉区控制,其抗拉弯承载力与抗拉承载力之间存在关联。

5.2 基本模型及假定

5.2.1 回转式钢筋锚固模型

1)基本假定

当对侧回转式钢筋之间的重合长度 H 满足 $H \leqslant H_{min}$ 时,可认为两侧回转式钢筋之间不存在"重合区",此时,回转式钢筋接缝受力符合单侧回转式钢筋锚固模型。当回转式钢筋的重合长度达到一定的程度后,回转式钢筋的承载力随着重合长度的增加而提高。对侧回转式钢筋之间产生相互作用的最小重合长度,可以由对侧相邻回转式钢筋之间的间距和混凝土破坏锥体的扩散角求得,如图 5-3 所示。对侧回转式钢筋之间产生相互作用的最小重合长度计算公式为:

$$H_{min} = s\cot\varphi \tag{5-1}$$

式中:H_{min}——对侧回转式钢筋之间产生相互作用的最小重合长度;

s——对侧相邻回转式钢筋中心间距;

φ——混凝土锚固破坏锥体的扩散角,可取为 $50°$,即 $\varphi = 5\pi/18$。

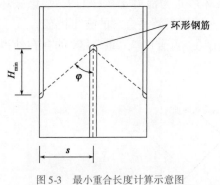

图 5-3 最小重合长度计算示意图

2)模型参数

单侧回转式钢筋的锚固承载能力(图 5-4)与等效高度、混凝土强度、混凝土厚度及相邻回转式钢筋间距等参数有关,如图 5-5 所示。其中,等效高度是一个表征了回转式钢筋埋置深度和弯曲中心直径对接缝受力影响的参数。

因此,回转式钢筋锚固模型的关键参数包括:

(1)等效高度 h_{ef},由埋置深度 h_e 及弯曲中心直径 D' 确定;

(2)混凝土强度,以混凝土抗压强度代表值 $f_{c,r}$ 表征;

(3)接缝高度方向的混凝土厚度 c_1 和接缝宽度方向的混凝土厚度 c_2;

(4)单侧相邻回转式钢筋间距 s'。

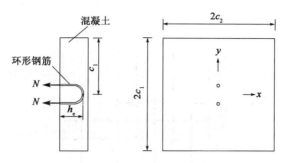

图 5-4 单个回转式钢筋锚固示意图

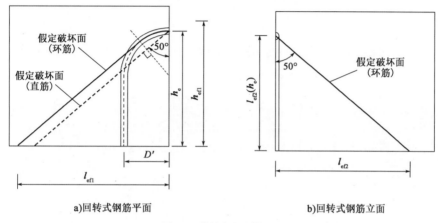

a) 回转式钢筋平面　　　　　　　　b) 回转式钢筋立面

图 5-5 等效高度计算图示

5.2.2 拉压杆模型理论

1) 基本假定

当对侧回转式钢筋之间的重合长度 $H > H_{min}$ 时,两侧的回转式钢筋之间形成"重合区",该"重合区"会提高混凝土对回转式钢筋的锚固作用,与单侧锚固受力的情况存在机理上的不同。在轴拉荷载作用下,回转式钢筋重合长度范围内的接缝混凝土受力情况复杂,属于应力扰动区(D 区),可采用拉压杆模型进行结构设计。

2) 模型参数

如图 5-6 所示,轴力作用下,在相邻回转式钢筋之间形成瓶形压杆,结点按受力性质可分为边结点(A 结点)和中间结点(B 结点)两种。

对边结点和中间结点进行单独分析,边结点由最外侧回转式钢筋及周围混凝土、横向钢筋及周围混凝土构成的两个拉杆和混凝土瓶形压杆相交为 C-T-T 结点,如图 5-7a) 所示。中间结点由两侧横向钢筋、回转式钢筋和两侧的混凝土瓶形压杆相交而成,其中两侧横向钢筋拉力互相平衡,因此由回转式钢筋及周围混凝土构成的拉杆和两侧混凝土瓶形压杆相交形成 C-C-T 结点,如图 5-7b) 所示。

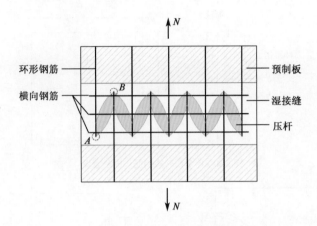

图 5-6 接缝拉压杆模型示意图

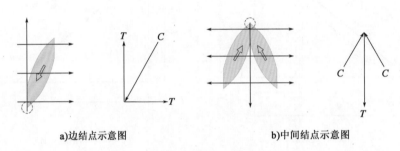

a)边结点示意图　　　　　　　　b)中间结点示意图

图 5-7 结点受力示意图

对于瓶形压杆,需在压杆范围内配置抗裂钢筋(ACI 规范[34]),由于回转式钢筋间距较小,为保证接缝混凝土浇筑质量,仅在接缝内设置横向钢筋作为抗裂钢筋。

为便于设计计算,将瓶形压杆等效为等截面棱柱形压杆,如图 5-8 所示,按拉压杆模型对结构进行计算,回转式钢筋接缝的承载力由回转式钢筋及周围混凝土构成的拉杆、横向钢筋及周围混凝土构成的拉杆、等截面棱柱形压杆和结点的承载力控制。

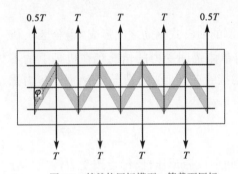

图 5-8 接缝拉压杆模型—等截面压杆

由于接缝中的两种结点均不存在明显的力作用面,属于弥散结点,压杆和拉杆的交汇范围比较宽,无须进行结点承载力验算。因此接缝结构存在压杆和拉杆失效两种可能的破坏模式,影响接缝承载力的因素包括:

(1)回转式钢筋及周围混凝土构成的拉杆的承载力,由回转式钢筋的面积 A_{sL1} 和强度 f_{yL} 决定。

(2)横向钢筋及周围混凝土构成的拉杆的承载力,由横向钢筋的面积 A_{sT} 和强度 f_{yT} 决定。

(3)混凝土压杆的承载力,由形成压杆的混凝土有效强度 f_{ce} 及等效受压面积 A_{cs1} 决定。

5.3 回转式钢筋接缝承载能力计算方法

5.3.1 抗拉承载能力计算方法

计算回转式钢筋接缝抗拉承载能力时,应根据重合长度 H 与最小重合长度 $H_{\min}$ 的关系,选用回转式钢筋锚固模型或拉压杆模型进行计算。

1) 回转式钢筋锚固模型

当对侧回转式钢筋之间的重合长度满足 $H \leqslant H_{\min} = s\cot\varphi$ 时,按单侧回转式钢筋锚固模型计算其抗拉承载力。单侧回转式钢筋的锚固承载能力与等效高度、混凝土强度、混凝土厚度及相邻回转式钢筋间距等参数有关。

(1) 等效高度及混凝土强度的影响

回转式钢筋的锚固承载力分别与 $h_{\mathrm{ef}}^{5/3}$ 和 $\sqrt{f_{\mathrm{c,r}}}$ 成正比,因此承载力与 $h_{\mathrm{ef}}^{5/3} \times \sqrt{f_{\mathrm{c,r}}}$ 成正比关系,作出承载力与 $h_{\mathrm{ef}}^{5/3} \times \sqrt{f_{\mathrm{c,r}}}$ 的关系曲线,如图 5-9 所示。锚固承载力随等效高度和混凝土强度变化见表 5-1。

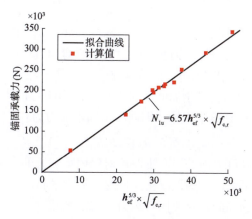

图 5-9 锚固承载力—等效高度和材料强度曲线

锚固承载力随等效高度和混凝土强度变化 表 5-1

模型编号	等效高度 h_{ef} (mm)	抗压强度标准值(MPa)	承载力(kN)
MD-1-1	75.6	32.4	53.2
MD-1-2	175.6	32.4	207.2
MD-1-3	195.6	32.4	251.2
MD-1-4	215.6	32.4	292.4
MD-1-5	235.6	32.4	343.6
MD-2-1	169.9	32.4	200.8
MD-2-2	181.3	32.4	215.6

续上表

模型编号	等效高度 h_{ef}(mm)	抗压强度标准值(MPa)	承载力(kN)
MD-3-1	175.6	16.7	141.2
MD-3-2	175.6	23.4	172.8
MD-3-3	175.6	29.6	195.2
MD-3-4	175.6	35.5	210.8
MD-3-5	175.6	41.5	220.4

对锚固承载力与 $h_{ef}^{5/3} \times \sqrt{f_{c,r}}$ 的关系曲线进行拟合,得到锚固承载力与 $h_{ef}^{5/3} \times \sqrt{f_{c,r}}$ 的关系式为:

$$N_{1ua} = 6.57 h_{ef}^{5/3} \times \sqrt{f_{c,r}} \tag{5-2}$$

式中:N_{1ua}——单个回转式钢筋锚固承载能力;

$f_{c,r}$——混凝土抗压强度代表值;

h_{ef}——回转式钢筋等效高度,取为回转式钢筋平面和平面法向两个方向等效高度的均值,可按下式计算:

$$h_{ef} = h_e + \frac{\sin\varphi + \varphi\cos\varphi - 1}{4} D' \tag{5-3}$$

式中:h_e——回转式钢筋埋置深度,取为混凝土边缘到回转式钢筋圆弧段中心的距离;

D'——回转式钢筋中心直径,即钢筋圆弧段的中心弯曲直径。

(2)混凝土厚度及相邻回转式钢筋间距的影响

由于混凝土厚度和相邻回转式钢筋间距对承载力的影响可以用折减系数进行表示,将上述折减系数引入式(5-2),得到单个回转式钢筋的锚固承载力为:

$$N_{1ua} = 6.57 \psi_{c1} \psi_{c2} \psi'_s h_{ef}^{5/3} \times \sqrt{f_{c,r}} \tag{5-4}$$

式中:ψ_{c1}——回转式钢筋高度方向的混凝土厚度对锚固承载力的折减系数;

ψ_{c2}——回转式钢筋平面法向的混凝土厚度对锚固承载力的折减系数;

ψ'_s——相邻回转式钢筋间距对锚固承载力的折减系数。

混凝土厚度对锚固承载力的折减系数 ψ_{c1}、ψ_{c2} 可按下式计算:

$$\psi_{ci} = \begin{cases} 1.5 \dfrac{c_i}{c_{ri}} & 0 \leqslant \dfrac{c_i}{c_{ri}} \leqslant 0.5 \\ 0.5 + 0.5 \dfrac{c_i}{c_{ri}} & 0.5 \leqslant \dfrac{c_i}{c_{ri}} \leqslant 1 \quad i=1,2 \\ 1 & \dfrac{c_i}{c_{ri}} \geqslant 1 \end{cases} \tag{5-5}$$

式中:ψ_{ci}——混凝土厚度对锚固承载力的折减系数,i 取 1 或 2;

c_i——接缝混凝土厚度,$i=1$ 时为回转式钢筋平面方向的混凝土厚度(即接缝高度),$i=2$ 时为回转式钢筋平面法向的混凝土厚度(即接缝宽度);

c_{ri}——混凝土厚度 c_i 的影响限值,按下式计算:

$$c_{ri} = l_{efi}, i = 1,2 \tag{5-6}$$

$$l_{ef1} = h_e \tan\varphi + \frac{\cos\varphi + \tan\varphi\sin\varphi - \tan\varphi}{2}D' \tag{5-7}$$

$$l_{ef2} = h_e \tan\varphi \tag{5-8}$$

式中：l_{ef1}、l_{ef2}——分别为回转式钢筋平面、平面法向的混凝土锥体影响范围。

相邻回转式钢筋间距对锚固承载力的折减系数 ψ'_s 可按下式计算：

$$\psi'_s = 0.5\frac{s'_1}{s'_r} + 0.5\frac{s'_2}{s'_r}, \frac{s'_1}{s'_r} \leq 1, \frac{s'_2}{s'_r} \leq 1 \tag{5-9}$$

$$s'_r = 2h_{ef2} = 2h_e \tag{5-10}$$

式中：s'_1、s'_2——分别为回转式钢筋与相邻回转式钢筋的间距；

s'_r——相邻回转式钢筋间距的影响限值，取为回转式钢筋平面法向的等效高度 h_{ef2} 的 2 倍。

当回转式钢筋采取等间距排列时，即 $s'_1 = s'_2$，式(5-9)成为

$$\psi'_s = \frac{s'}{s'_r}, \frac{s'}{s'_r} \leq 1 \tag{5-11}$$

式中：s'——单侧回转式钢筋间距。

2）拉压杆模型

当对侧回转式钢筋之间的重合长度满足 $H > H_{min} = s\cot\varphi$ 时，按拉压杆模型计算其抗拉承载力。拉压杆模型的承载能力由回转式钢筋及周围混凝土构成的拉杆、横向钢筋及周围混凝土构成的拉杆、混凝土压杆的承载力控制。

（1）回转式钢筋及周围混凝土构成的拉杆的承载力

回转式钢筋及周围混凝土形成的拉杆的承载力取回转式钢筋的抗拉承载力。

$$N_{L1} = A_{sL1}f_{yL} \tag{5-12}$$

式中：N_{L1}——单根回转式钢筋及周围混凝土形成的拉杆的承载力；

A_{sL1}——单根回转式钢筋形成的受拉面积（2 倍圆形截面积）；

f_{yL}——回转式钢筋屈服强度。

（2）横向钢筋及周围混凝土构成的拉杆的承载力

横向钢筋（不含抗裂钢筋）及周围混凝土形成的拉杆的承载力取横向钢筋抗拉承载力。

$$N_T = A_{sT}f_{yT} \tag{5-13}$$

式中：N_T——横向钢筋及周围混凝土形成的拉杆的承载力；

A_{sT}——横向钢筋的面积；

f_{yT}——横向钢筋的屈服强度。

（3）混凝土压杆的承载力

压杆的承载力为：

$$N_{c1} = f_{ce}A_{cs1} \tag{5-14}$$

式中：N_{c1}——单根压杆的承载力；

　　　f_{ce}——压杆混凝土有效强度；

　　　A_{cs1}——单根压杆的等效受压面积。

假定混凝土的破坏面与竖向成固定的夹角 φ，在一定的重合长度 H 下，在对侧相邻回转式钢筋之间形成"重合区"，简化为如图 5-10 所示的等效压杆，相邻回转式钢筋之间相互作用的实际重合长度 $H_e = H - s\cot\varphi$，则等效压杆宽度为：

$$W_e = H_e \sin\varphi = H\sin\varphi - s\cos\varphi \tag{5-15}$$

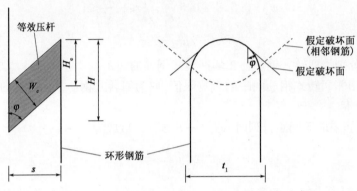

图 5-10　等效压杆尺寸计算图示

在回转式钢筋平面内，相邻回转式钢筋的破坏面相互重叠，重叠高度为 H_e，根据几何关系可以求得两个破坏面的重合厚度 t_1 为：

$$t_1 = D'\cos\varphi + (H - s\cos\varphi + D'\sin\varphi - D')\tan\varphi \tag{5-16}$$

由于桥面板的厚度 t 较小，可能会小于 t_1，因此等效压杆厚度 t_e 取上述两种厚度的较小值，即：

$$t_e = \min(t, t_1) \tag{5-17}$$

可以求得等效压杆面积为：

$$A_{cs1} = t_e W_e \tag{5-18}$$

由于压杆混凝土有效强度与混凝土抗压强度和横向钢筋的配置有关，即

$$f_{ce} = \beta_s f_{c,r} \tag{5-19}$$

式中：$f_{c,r}$——混凝土抗压强度代表值；

　　　β_s——考虑横向钢筋对压杆中混凝土有效抗压强度影响的系数。

横向钢筋作为抗裂钢筋时，钢筋在垂直于压杆轴线方向上的抗拉承载力与横向拉力的比例影响了 β_s 的取值，根据 ACI 规范的相关规定，瓶形压杆受压产生的横向拉力与压力之比为 1∶2，分析 β_s 与垂直于压杆轴线方向上的钢筋抗拉承载力与横向拉力的比值的关系。

由图 5-11 可知，β_s 与垂直于压杆轴线方向上的钢筋抗拉承载力与横向拉力的比值的关系式可取为：

$$\beta_s = 0.3 + 0.4 \frac{A_{sT} f_{yT} \sin\varphi}{0.5 A_{cs1} f_{c,r}} \leq 0.7 \tag{5-20}$$

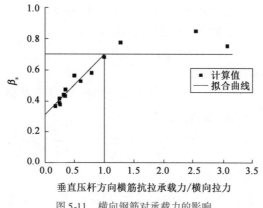

图 5-11 横向钢筋对承载力的影响

（4）拉压杆模型的承载力

单个内部回转式钢筋与外侧回转式钢筋的受力不同，承载力存在差异。单个内部回转式钢筋的承载力由回转式钢筋受拉和压杆受压两者中的不利因素决定，即：

$$N_{1ui} = \min(N_{L1}, N_{1uci}) \tag{5-21}$$

$$N_{1uci} = 2N_{c1}\cos\varphi \tag{5-22}$$

式中：N_{1uci}——单个内部回转式钢筋由混凝土压杆求得的承载力。

单个最外侧回转式钢筋的承载力由回转式钢筋受拉、横向钢筋受拉和压杆受压三者中的不利因素决定，最外侧回转式钢筋的承载力还应考虑边界条件的折减作用，因此单个最外侧回转式钢筋的承载力为：

$$N_{1uo} = \min(N_{L1}, N_{1uTo}, N_{1uco}) \tag{5-23}$$

$$N_{1uTo} = \eta_1 N_T \cot\varphi \tag{5-24}$$

$$N_{1uco} = \eta_1 N_{c1} \cos\varphi \tag{5-25}$$

式中：N_{1uTo}——单个最外侧回转式钢筋由横向钢筋求得的承载力；

N_{1uco}——单个最外侧回转式钢筋由混凝土压杆求得的承载力；

η_1——最外侧回转式钢筋承载力考虑边界条件的折减系数，取为 0.8。

5.3.2 抗弯承载能力计算方法

由前述试验结果和有限元分析可知，回转式钢筋接缝受弯是受拉区的受力特性与轴拉荷载下相似，当接缝的受弯破坏由受拉区控制时，其抗弯承载力与抗拉承载力之间存在关联，如图 5-12 所示。

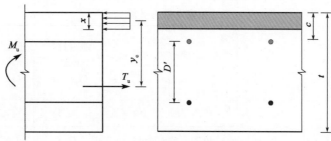

图 5-12 截面受弯受力图示

认为在极限状态下,上下层回转式钢筋全部受拉,由第 5 章分析可知,回转式钢筋接缝受弯时上下层钢筋的拉力不同,靠近受拉区的钢筋拉力:

$$T_{ut1} = k_1 N_u \tag{5-26}$$

式中:T_{ut1}——靠近受拉区的钢筋拉力;

　　k_1——靠近受拉区的钢筋拉力不均匀系数,根据已有研究结果可取 0.6;

　　N_u——接缝受拉时的抗拉承载力。

靠近受压区的钢筋拉力:

$$T_{ut2} = k_2 N_u \tag{5-27}$$

式中:T_{ut2}——靠近受压区的钢筋拉力;

　　k_2——靠近受压区的钢筋拉力不均匀系数,根据已有研究结果可取 0.1。

因此受拉区拉力合力大小为:

$$T_u = T_{ut1} + T_{ut2} = kN_u \tag{5-28}$$

式中:T_u——受弯时回转式钢筋的抗拉能力;

　　k——拉力不均匀系数,$k = k_1 + k_2$,取 0.7。

截面内受拉区回转式钢筋的拉力与受压区混凝土的压力互相平衡,可以求得受压区混凝土等效高度如下:

$$x = \frac{T_u}{\alpha_1 f_{c,r} b} \tag{5-29}$$

式中:x——等效受压区高度;

　　T_u——受拉区拉力;

　　α_1——等效矩形应力图形系数,可按《混凝土结构设计标准》(GB/T 50010—2010)[32]的规定取用;

　　$f_{c,r}$——混凝土压应力代表值;

　　b——受压区混凝土宽度。

受拉区作用力中心到受压区作用力中心的距离:

$$y_c = \frac{t-x}{2} + \frac{k_1 - k_2}{2(k_1 + k_2)} D' \tag{5-30}$$

截面抗弯承载力为:

$$M_u = T_u y_c \quad (x \leq c) \tag{5-31}$$

利用上述公式对第 3 章中接缝受弯试验试件的抗弯承载力进行计算,可以发现,由上述公式计算得到的抗弯承载力与实际值误差很小,说明计算公式的准确性,见表 5-2。

抗弯承载力计算　　　　　表 5-2

模型	实际抗拉承载力 N_u (kN)	T_u (kN)	受压区高度 x (mm)	力臂 y_c (mm)	实际抗弯承载力 (kN·m)	抗弯承载力计算值 (kN·m)	误差 (%)
B7-2	726.4	508.5	15.7	142.7	79.5	75.6	-4.97
B8-1	622.2	435.5	10.5	148.6	72.8	65.8	-9.56

上述公式适用于 $x \leqslant c$ 的情况,对于桥面板结构,通常保护层厚度 c 在 50mm 左右,桥面厚度在 180~300mm,保护层厚度相对于桥面板厚度的比值较大,因此上述公式用于计算桥面板结构的回转式钢筋接缝是可行的。

若在某些情况下,保护层厚度较小,按照式(5-29)计算的受压区高度,则上层回转式钢筋进入受压区,相较于上下层回转式钢筋全部受拉的情况更为有利,可根据《公预规》[16]中的相关条文,按照普通梁截面受弯计算即可。

5.3.3 抗拉弯承载能力计算方法

根据试验结果和有限元分析,回转式钢筋接缝在拉弯受力状态下,破坏模式也是受拉区钢筋的屈服,受力特性与轴拉荷载下相似。接缝的拉弯破坏由受拉区控制,其抗拉弯承载力与抗拉承载力之间存在关联。

在极限状态下,上下层回转式钢筋全部受拉。采用拉力不均匀系数来考虑弯矩作用造成的上下层钢筋拉力不同,则靠近受拉区和靠近受压区的钢筋拉力分别为:

$$T'_{ut1} = k'_1 N_u \tag{5-32}$$

$$T'_{ut2} = k'_2 N_u \tag{5-33}$$

式中:T'_{ut1}、T'_{ut2}——分别为靠近受拉区、靠近受压区的钢筋拉力;
　　　k'_1、k'_2——分别为靠近受拉区、靠近受压区的钢筋拉力不均匀系数;
　　　N_u——接缝受拉时的抗拉承载力。

拉弯受力下的拉力不均匀系数与弯矩和轴拉力的比值 M/N 有关。当 $M/N \geqslant 10$ 时,认为接缝以受弯为主,拉力不均匀系数取值与抗弯计算相同,即取 $k'_1 = 0.6$,$k'_2 = 0.1$;当 $M/N \leqslant 0.1$ 时,认为接缝以受拉为主,可取 $k'_1 = k'_2 = 0.5$;当 M/N 时,k'_1、k'_2 的取值可在二者之间线性内插。

受拉区拉力合力大小为:

$$T'_u = T'_{ut1} + T'_{ut2} = k' N_u \tag{5-34}$$

式中:T'_u——拉弯受力时回转式钢筋的抗拉弯承载能力;
　　　k'——$k' = k'_1 + k'_2$,为拉力不均匀系数,其取值根据弯拉比 M/N 确定。

5.4 回转式钢筋接缝设计一般规定

5.4.1 总体设计

回转式钢筋接缝的设计、构造及计算应符合《公路桥涵设计通用规范》(JTG D60—2015)[29]及《公预规》[16]的相关规定,按相应的极限状态进行设计。回转式钢筋接缝的承载能力验算应采用作用的基本组合进行。

接缝的厚度宜在 180~300mm,接缝宽度应满足接缝内钢筋的保护层厚度要求,可取为比回转式钢筋重合长度 H 大 70mm,且不宜小于 1.1 倍的板厚。

接缝两侧的回转式钢筋采用中心对中的布置方式,因此两侧的回转式钢筋的数量不同,一侧回转式钢筋数量为奇数,另一侧回转式钢筋数量为偶数,如图 5-13 所示。

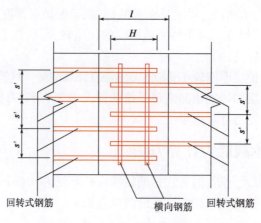

图 5-13 奇偶式配筋示意图

5.4.2 构造设计

1)理想破坏形态

将回转式钢筋接缝承受轴拉荷载和纯弯荷载时的受拉区统称为接缝的受拉区域,由上述分析可知,无论回转式钢筋接缝承受轴拉荷载还是纯弯荷载,接缝受拉区域的受力状态是其区别于其他连接形式的部位,受拉区域的失效总体上可以分为回转式钢筋受拉失效和接缝内部破坏两种形式。

回转式钢筋受拉失效表现为接缝内部承载力高于回转式钢筋的抗拉能力,回转式钢筋屈服,该破坏形式具有明显的延性。

接缝内部破坏有两种形式,一种是对侧混凝土之间不形成"重合区",此时对侧相邻回转式钢筋之间不存在相互作用,接缝的锚固机理是单侧回转式钢筋的锚固,此时破坏形式为单侧回转式钢筋锚固破坏,形成混凝土锥体拔出,该破坏形式为脆性破坏。当对侧混凝土之间形成"重合区",接缝内部破坏形式为混凝土压杆的失效,该破坏形式具有明显的延性。

在设计时,应避免接缝形成脆性破坏,因此回转式钢筋屈服和"重合区"混凝土压杆失效是合理的破坏状态。回转式钢筋锚固破坏是脆性破坏,应通过构造要求避免。

2)构造要求

为避免回转式钢筋接缝发生脆性破坏,保证接缝延性要求,回转式钢筋接缝设计应满足如下构造要求。

(1)回转式钢筋重合长度

为保证接缝结构合理的破坏状态,对侧回转式钢筋间的重合长度应满足 $H>H_{\min}=s\cos\varphi$,以保证对侧相邻回转式钢筋之间能有效传递荷载,避免接缝锚固破坏。同时,回转式钢筋的重合长度不应小于回转式钢筋中心直径。

(2)回转式钢筋间距

本研究在计算回转式钢筋承载力时认为钢筋与混凝土之间黏结性良好,因此应保证回转式钢筋与混凝土之间的黏结性能,钢筋净距不应小于 2 倍钢筋直径,且不应小于 40mm。

(3) 回转式钢筋弯曲内径

考虑钢筋弯曲后不至于开裂以及防止钢筋弯曲内侧的混凝土被压溃,应该对钢筋弯曲的最小弯曲内径进行规定,《混凝土结构工程施工质量验收规范》(GB 50204—2015)[31]规定对于钢筋的弯曲内径见表 5-3。

最小弯曲内径　　　　表 5-3

钢筋类型	钢筋直径(mm)	最小弯曲直径
带肋钢筋 – 335/400	—	$4\varphi_L$
带肋钢筋 – 500	<8	$6\varphi_L$
	≥28	$7\varphi_L$

(4) 横向钢筋

横向钢筋对接缝受力性能的影响显著,因此必须保证横向钢筋的合理锚固,参考《混凝土结构设计标准》[32]第 8.3 节中的相关规定,对横向钢筋的锚固构造作出如下规定:回转式钢筋重合长度范围的交错环内应配置横向钢筋,横向钢筋不应少于 4 根,直径不宜小于 12mm,环向净距不应小于 40mm,间距不应大于 200mm,如图 5-14 所示。

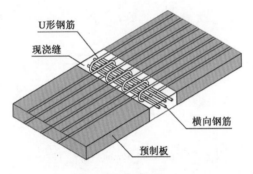

图 5-14　回转式钢筋接缝构造示意图

(5) 接缝混凝土性能

现浇湿接缝混凝土宜采用补偿收缩混凝土,相关技术指标应符合《补偿收缩混凝土应用技术规程》(JGJ/T 178—2009)[33]的规定。膨胀剂的掺量应以混凝土 28d 体积保持不变为原则,并根据试验确定。

(6) 保护层厚度

应该规定混凝土保护层厚度以保证回转式钢筋与混凝土之间的黏结性能,根据 FIB Bulletin 72,回转式钢筋平面内的最小保护层厚度为 1 倍钢筋直径。

(7) 接缝界面处理

湿接缝两侧节段的端面应进行结合面处理,露出粗集料,并保持洁净。

5.4.3　设计计算

结合已有研究成果及各种工程结构中的接缝受力需求可以明确:

(1) 对于预制 T 梁的纵向湿接缝,其受力一般以受弯为主,适用于回转式钢筋接缝的受弯

设计计算公式;

(2)对于钢板组合梁(负弯矩区)的湿接缝,其受力一般以受拉为主,适用于回转式钢筋接缝的受拉设计计算公式;

(3)小箱梁的纵向湿接缝则一般为拉弯受力,适用于回转式钢筋接缝的拉弯设计计算公式。回转式钢筋接缝的设计计算可按图 5-15 所示流程进行。

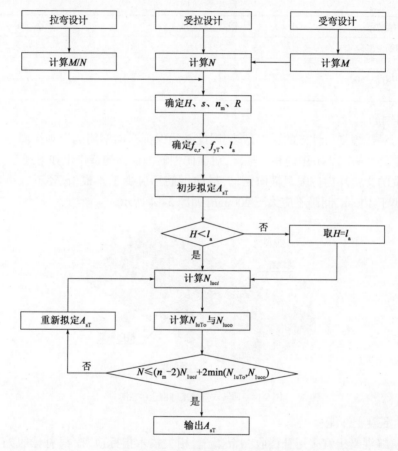

图 5-15　回转式钢筋接缝设计计算流程图

回转式钢筋接缝设计参数取值,如图 5-16 所示。

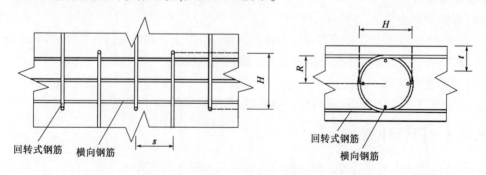

图 5-16　回转式钢筋接缝设计参数取值示意图

1) 受拉设计流程

由于接缝两侧的回转式钢筋采用中心对中的布置方式,因此两侧的回转式钢筋的数量不同,回转式钢筋数量少的一侧数量为 n_1,回转式钢筋数量多的一侧数量为 n_m。

在不考虑对侧回转式钢筋的相互作用,从《公预规》中,可以查得单侧回转式钢筋的最小锚固长度,见表5-4,并以最小锚固长度作为重合长度的设计上限值。

最小锚固长度　　　　表5-4

钢筋种类	HPB300				HRB400、HRBF400、RRB400			HRB500		
混凝土强度等级	C25	C30	C35	≥C40	C30	C35	≥C40	C30	C35	≥C40
受拉钢筋(弯钩端)	$40\phi_L$	$35\phi_L$	$33\phi_L$	$30\phi_L$	$30\phi_L$	$28\phi_L$	$25\phi_L$	$35\phi_L$	$33\phi_L$	$30\phi_L$

注:ϕ_L 为回转式钢筋公称直径(mm),锚固长度为包括弯钩在内的投影长度。

回转式钢筋接缝的设计计算步骤如下:

根据接缝构造要求,确定接缝尺寸 c_1 及 c_2、回转式钢筋直径 ϕ_L、重合长度 H、间距 s 及中心弯曲直径 D',并进行如下判断。

(1) 当 $H \leq s\cot\varphi$ 时,其受力模型为单侧回转式钢筋锚固模型。此时横向钢筋对接缝的承载能力和延性无明显提高作用,结构的破坏形式为脆性破坏,在设计中应予以避免。

(2) 当 $s\cot\varphi < H \leq l_a$ 时,其受力模型为拉压杆模型,选定一个合适的重合长度,可利用下式计算横向钢筋的配置数量。

$$N = (n_m - 2)N_{1uci} + 2\min(N_{1uTo}, N_{1uco}) \tag{5-35}$$

式中:N——接缝设计荷载;

N_{1uci}——单个内部回转式钢筋由混凝土压杆求得的承载力;

N_{1uTo}——单个最外侧回转式钢筋由横向钢筋求得的承载力;

N_{1uco}——单个最外侧回转式钢筋由混凝土压杆求得的承载力。

(3) 当 $H > l_a$ 时,对侧相邻回转式钢筋之间的重合长度超出了回转式钢筋屈服所需的锚固长度,此时不考虑重合长度增加对承载力的增加作用,按 $H = l_a$ 进行计算。

前述分析得到结构的实际承载力,因此混凝土与钢材的强度均按照实际值取用,在进行实际结构设计时,材料强度应按规范的相关规定按设计值取用,同时根据 ACI 规范的相关规定,应该考虑混凝土长期受压对强度的折减作用,折减系数取为 0.85。

2) 受弯设计流程

由 5.3 节的分析可知,回转式钢筋接缝的抗弯承载能力由受拉区的受拉承载力控制,因此回转式钢筋接缝抗弯设计实际上是受拉区域的抗拉设计。

以数量少一侧的回转式钢筋通长的截面抗弯承载力 M 作为设计荷载,通过式(5-26)和式(5-28)可以求得受拉区的设计荷载 N,然后按上述回转式钢筋接缝受拉进行设计。

3) 拉弯设计流程

回转式钢筋接缝的抗拉弯承载能力由受拉区的受拉承载力控制,考虑受拉区钢筋的不均匀系数后,按照轴拉构件设计。

首先按照接缝受拉确定接缝抗拉承载力 N_u,然后根据设计弯矩 M 及设计轴力 N 的比值 M/N,按式(5-32)~式(5-34)的方法确定拉力不均匀系数 k',计算得到回转式钢筋接缝拉弯承载力。

5.5 回转式钢筋接缝应用设计计算实例

5.5.1 计算实例一:30m T 梁纵向接缝计算

以某 30m 跨 T 梁为例,采用上述设计计算方法,对采用回转式钢筋接缝对其湿接缝构造进行优化后的接缝受力情况进行计算分析。

1) 原设计概况

某 30m T 形梁横断布置情况如图 5-17 所示,桥面布置为 0.6m + 15.8m + 0.6m。

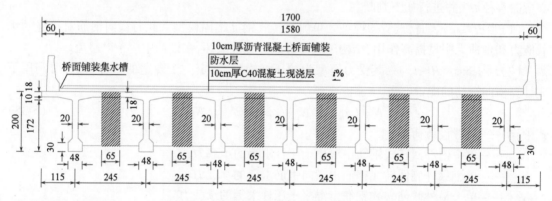

图 5-17 横断布置情况(尺寸单位:cm)

横向共采用 7 片主梁,梁高 2m,主梁间接缝宽度为 65cm,桥面有 10cm 整体化现浇层 + 10cm 沥青铺装层。

30m T 形梁纵断布置情况如图 5-18 所示,纵向上按照 5m 均布一道横隔板,除 2 道端横隔板外,中间布置 5 道横隔板,共 7 道横隔板。

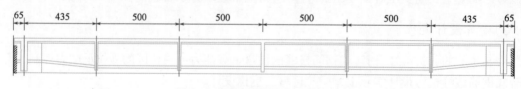

图 5-18 纵断布置情况(尺寸单位:cm)

原设计的接缝宽度 650mm,厚度 180mm,连接形式采用环状钢筋(N3 钢筋)与两侧翼板的伸出钢筋(N1、N2)焊接,重合长度 245mm,重合区内上层为 3 根 12mm 钢筋(N4),下层为 3 根 10mm 钢筋(N5),如图 5-19 所示。

接缝采用的钢筋以及混凝土性能见表 5-5。

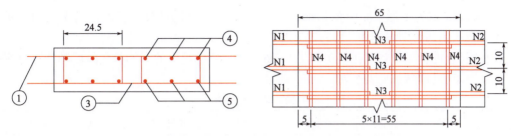

图 5-19 接缝设计配筋(尺寸单位:cm)

接缝材料表　　　　　　　　　　　　　表 5-5

材料	编号	规格	材料类型	抗拉强度设计值（MPa）	抗压强度设计值（MPa）
钢筋	1	14	HRB400	330	330
	2	14			
	3	14			
	4	12			
	5	12			
混凝土		C50		1.83	22.4

2) 接缝构造及配筋优化

采用回转式钢筋接缝形式,对 T 梁的主梁湿接缝构造及配筋进行优化。取消原设计中的环状钢筋(N3 钢筋),将两侧翼板的伸出钢筋(N1、N2)弯曲成回转式钢筋并对中搭接,重合长度取为 160mm,接缝宽度可由 650mm 减小为 240mm,如图 5-20 所示。

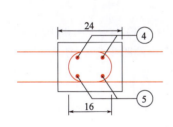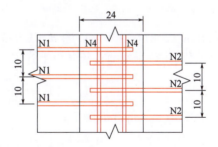

图 5-20 优化方案接缝构造及配筋(尺寸单位:cm)

3) 内力计算

T 梁横向受力模式以受弯为主。按照多跨连续单向板计算 T 形梁翼缘板及接缝的弯矩。

恒载仅考虑结构重力作用,各材料的重度参照《公路桥涵设计通用规范》(JTG D60—2015)取值,具体见表 5-6。

材料重度　　　　　　　　　　　　　表 5-6

材料种类	重度(kN/m³)	材料种类	重度(kN/m³)
沥青混凝土	24	钢筋混凝土	26

计算跨径 l 取为 T 形梁肋中距 2.45m。经计算，具有相同计算跨径的每延米宽简支板条由上述恒载产生的跨中弯矩 M_{0g} 为 7.263kN。

以我国《公路桥涵设计通用规范》(JTG D60—2015)中给出的车辆荷载的后轴计算汽车荷载产生的弯矩，具体参数见表 5-7。

车辆荷载参数取值　　　　　　　　　　　　　表 5-7

项目	数值	项目	数值
后轴重力标准值 $P(kN)$	2×140	后轮着地宽度及长度 $b_1 \times a_1(m)$	0.6×0.2
轴距 $d(m)$	1.4		

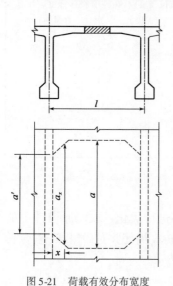

图 5-21　荷载有效分布宽度

如图 5-21 所示，求取翼缘板及接缝的荷载有效分布宽度。

假设后轴的前后两排车轮的荷载有效分布宽度不重叠，根据《公预规》中的有关规定，单个车轮作用于板的跨径中部时，有

$$a = (a_1 + 2h) + \frac{l}{3} \geqslant \frac{2}{3}l \qquad (5\text{-}36)$$

式中：h——铺装层厚度，取为 0.2m。

经计算，得 $a = 1.417m < (2/3)l = 1.633m$，取为 $(2/3)l = 1.633m$。由于后轴两排车轮的轴距为 1.4m，则此时两排车轮的荷载有效分布宽度已重叠，假设不成立，需按前后两个车轮同时作用于板的跨径中部计算。此时，有

$$a = (a_1 + 2h) + d + \frac{l}{3} \geqslant \frac{2}{3}l + d \qquad (5\text{-}37)$$

经计算，得 $a = 2.817m < (2/3)l + d = 3.033m$，取为 $(2/3)l + d = 3.033m$。按下式计算具有相同计算跨径的每延米宽简支板条由上述汽车荷载产生的跨中弯矩 M_{0p}。

$$M_{0p} = (1 + \mu)\frac{P}{8a}\left(l - \frac{b_1 + 2h}{2}\right) \qquad (5\text{-}38)$$

经计算，得到 $M_{0p} = 29.250 \text{kN} \cdot \text{m}$。

当结构重要性系数取为 1.0、恒载组合分项系数取为 1.2、汽车荷载组合分项系数取为 1.8 时，得到具有相同计算跨径的每延米宽简支板条的跨中基本组合弯矩 $M_0 = 61.366 \text{kN} \cdot \text{m}$。

由于板厚与梁肋高度之比小于 1/4，即主梁抗扭能力较大，则每延米宽 T 形梁翼缘板与接缝的支点弯矩与跨中弯矩可按下式计算。

支点弯矩：
$$M_s = -0.7 M_0 \qquad (5\text{-}39)$$

跨中弯矩：
$$M_c = +0.5 M_0 \qquad (5\text{-}40)$$

因此，每延米宽 T 型梁翼缘板与接缝的支点弯矩为 $-42.956 \text{kN} \cdot \text{m}$，跨中弯矩为 $30.683 \text{kN} \cdot \text{m}$。

4）验算结构及参数

取单位宽度 1m 的结构进行计算，接缝参数，见表 5-8。

接缝构造参数(mm) 表 5-8

参数名称	参数符号	数值
回转式钢筋个数	n_L	10
回转式钢筋直径	ϕ_L	14
重合长度	H	160
相邻环筋间距(对侧)	s	50
环筋埋置深度	h_e	200
环筋弯曲中心直径	D'	90
接缝厚度	t	180
接缝宽度	l	240

5)抗力计算结果

取单位长度 1m 的接缝结构,计算接缝内部的抗拉承载力,并与设计荷载进行比较。

首先按回转式钢筋受拉计算抗拉承载力。判别对侧回转式钢筋之间是否形成"重合区":

$$H = 200\text{mm} > H_{\min} = s\cot\varphi = 41.95\text{mm} \tag{5-41}$$

故接缝受力模型为拉压杆模型。

回转式钢筋及周围混凝土形成的拉杆的承载力、横向钢筋(不含抗裂钢筋)及周围混凝土形成的拉杆的承载力分别为:

$$N_{L1} = A_{sL1} f_{yL} = 101.60\text{kN} \tag{5-42}$$

$$N_T = A_{sT} f_{yT} = 37.32\text{kN} \tag{5-43}$$

其中,回转式钢筋屈服强度 f_{yL}、横向钢筋屈服强度 f_{yT} 取 HRB400 钢筋的设计强度 330MPa。

等效压杆宽度为:

$$W_e = H\sin\varphi - s\cos\varphi = 114.64\text{mm} \tag{5-44}$$

等效压杆厚度取接缝厚度 t 和两个破坏面重合厚度 t_1 中的较小值:

$$t_e = \min(t, t_1) = t = 180\text{mm} \tag{5-45}$$

则等效压杆面积为:

$$A_{cs1} = t_e W_e = 16276.99\text{mm}^2 \tag{5-46}$$

横向钢筋对压杆中混凝土有效抗压强度的影响系数:

$$\beta_s = 0.3 + 0.4 \frac{A_{sT} f_{yT} \sin\varphi}{0.5 A_{cs1} f_{c,r}} = 0.374 \leqslant 0.7 \tag{5-47}$$

压杆混凝土的抗压强度取 C50 抗压强度的设计值 22.4MPa,并考虑 0.85 的长期受压折减系数,则压杆混凝土有效强度为:

$$f_{ce} = 0.85\beta_s f_{cd} = 7.12\text{MPa} \tag{5-48}$$

因此,单根压杆的承载力:

$$N_{c1} = f_{ce} A_{cs1} = 115.85\text{kN} \tag{5-49}$$

单个回转式钢筋的承载力为:

$$N_{1ui} = \min(N_{L1}, N_{1uci}) = 101.60\text{kN} \tag{5-50}$$

其中：

$$N_{1uci} = 2N_{c1}\cos\varphi = 148.93\text{kN} \tag{5-51}$$

单个最外侧回转式钢筋的承载力为：

$$N_{1uo} = \min(N_{L1}, N_{1uTo}, N_{1uco}) = 25.05\text{kN} \tag{5-52}$$

其中：

$$N_{1uTo} = \eta_1 N_T \cot\varphi = 25.05\text{kN} \tag{5-53}$$

$$N_{1uco} = \eta_1 N_{c1} \cos\varphi = 59.57\text{kN} \tag{5-54}$$

1m 范围的接缝中，两侧回转式钢筋的数量均为 10 根，即：

$$n_m = n_1 = 10 \tag{5-55}$$

则回转式钢筋接缝受拉时的抗拉承载力为：

$$N_u = n_m N_{1ui} = 1016.00\text{kN} \tag{5-56}$$

因此，受拉区钢筋拉力合力为：

$$T_u = kN_u = 711.19\text{kN} \tag{5-57}$$

受压区混凝土等效高度：

$$x = \frac{T_u}{\alpha_1 f_{c,d} b} = 37.35\text{mm} \leqslant c = 38\text{mm} \tag{5-58}$$

受拉区作用力中心到受压区作用力中心的距离：

$$y_c = \frac{t-x}{2} + \frac{k_1 - k_2}{2(k_1 + k_2)} D' = 103.47\text{mm} \tag{5-59}$$

故截面抗弯承载力为：

$$M_u = T_u y_c = 73.58\text{kN} \cdot \text{m} \tag{5-60}$$

将接缝抗弯承载力与设计荷载进行比较，见表 5-9。

受弯验算结果　　　　　　　　　　表 5-9

接缝内部抗弯承载力(kN·m)	正弯矩设计荷载(kN·m)	负弯矩设计荷载(kN·m)
73.58	30.683	42.956

由承载力计算公式得到的接缝内部的抗弯承载力大于设计荷载，接缝的抗弯承载力满足要求。

5.5.2　计算实例二：45m 钢板组合梁横向接缝计算

以某 2×45m 双工字钢板组合梁为例，采用上述设计计算方法，验算其桥面板横向接缝采用回转式钢筋接缝时的承载力。

1) 设计概况

某 2×40m 钢板组合梁横断面布置如图 5-22 所示。其主梁采用 Q345qD 工字形直腹板钢梁，钢主梁标准间距 6.7m，高 2.4m。跨内小横梁高 0.5m，间距为 8.0m，支点位置加密至 4.0m。桥面板横向采用全宽预制，宽 12.5m，承托处板厚 0.4m，悬臂处及跨中桥面板厚 0.27m。桥面板纵向通过湿接缝相连，湿接缝宽度为 300mm。

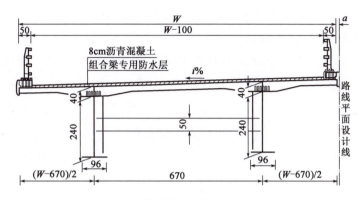

图 5-22 主梁典型横断面图(尺寸单位:cm)

桥面板湿接缝处采用回转式钢筋连接,接缝构造及配筋如图 5-23 所示。N1、N2 为回转式钢筋,直径 22mm;N3 为横向钢筋,直径 25mm。回转式钢筋重合长度为 200mm,中心直径 120mm。单侧回转式钢筋间距为 120mm,对侧回转式钢筋间距 60mm。

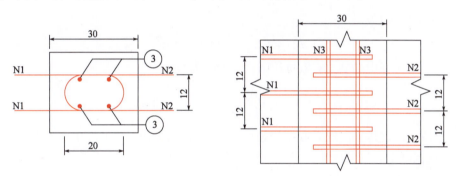

图 5-23 接缝构造及配筋(尺寸单位:cm)

2) 内力计算

根据预制混凝土构件湿接缝连接形式适应性研究的已有研究结果,通过有限元计算得到支点位置和跨中位置桥面板横向接缝的上下缘应力,并进行积分得到接缝处内力效应值,见表 5-10。

接缝内力效应值　　表 5-10

接缝位置	弯矩(kN·m/m)	轴力(kN/m)
支点	79.1	742.0
跨中	36.5	-840.0

可以看出,支点处接缝受力状态以受拉为主,相较于跨中接缝而言更为不利。因此选取支点处接缝验算其抗拉承载力情况。

3) 抗力计算

取单位宽度 1m 的接缝进行验算。
首先判别对侧回转式钢筋之间是否形成"重合区":

$$H = 200\text{mm} > H_{\min} = s\cot\varphi = 50.35\text{mm} \tag{5-61}$$

故接缝受力模型为拉压杆模型。

回转式钢筋及周围混凝土形成的拉杆的承载力、横向钢筋（不含抗裂钢筋）及周围混凝土形成的拉杆的承载力分别为：

$$N_{L1} = A_{sL1} f_{yL} = 250.89\text{kN} \tag{5-62}$$

$$N_T = A_{sT} f_{yT} = 161.99\text{kN} \tag{5-63}$$

其中，回转式钢筋屈服强度 f_{yL}、横向钢筋屈服强度 f_{yT} 取 HRB400 钢筋的设计强度 330MPa。

等效压杆宽度为：

$$W_e = H\sin\varphi - s\cos\varphi = 114.64\text{mm} \tag{5-64}$$

等效压杆厚度取桥面板厚度 t 和两个破坏面重合厚度 t_1 中的较小值：

$$t_e = \min(t, t_1) = t_1 = D'\cos\varphi + (H - s\cos\varphi + D'\sin\varphi - D')\tan\varphi = 236.06\text{mm} \tag{5-65}$$

则等效压杆面积为：

$$A_{cs1} = t_e W_e = 27062.82\text{mm}^2 \tag{5-66}$$

横向钢筋对压杆中混凝土有效抗压强度的影响系数：

$$\beta_s = 0.3 + 0.4 \frac{A_{sT} f_{yT} \sin\varphi}{0.5 A_{cs1} f_{c,r}} = 0.493 \leq 0.7 \tag{5-67}$$

压杆混凝土的抗压强度取 C50 抗压强度的设计值 22.4MPa，并考虑 0.85 的长期受压折减系数，则压杆混凝土有效强度为：

$$f_{ce} = 0.85\beta_s f_{cd} = 9.38\text{MPa} \tag{5-68}$$

因此，单根压杆的承载力：

$$N_{c1} = f_{ce} A_{cs1} = 253.86\text{kN} \tag{5-69}$$

单个回转式钢筋的承载力为：

$$N_{1ui} = \min(N_{L1}, N_{1uci}) = 250.89\text{kN} \tag{5-70}$$

其中：

$$N_{1uci} = 2N_{c1}\cos\varphi = 326.35\text{kN} \tag{5-71}$$

单个最外侧回转式钢筋的承载力为：

$$N_{1uo} = \min(N_{L1}, N_{1uTo}, N_{1uco}) = 108.74\text{kN} \tag{5-72}$$

其中：

$$N_{1uTo} = \eta_1 N_T \cot\varphi = 108.74\text{kN} \tag{5-73}$$

$$N_{1uco} = \eta_1 N_{c1} \cos\varphi = 130.54\text{kN} \tag{5-74}$$

1m 范围的接缝中，两侧回转式钢筋的数量分别为 9 根和 8 根，即：

$$n_m = 9 \tag{5-75}$$

$$n_1 = 8 \tag{5-76}$$

则回转式钢筋接缝的抗拉承载力为：

$$N_R = n_m N_{1ui} = 2257.99 \text{kN} > T = 742.0 \text{kN} \tag{5-77}$$

抗拉承载力大于设计荷载，接缝抗拉承载力满足要求。

5.6 本章小结

本章对前文的试验研究和有限元分析结果进行整理，得出了回转式钢筋受力的基本模型及承载力的计算公式，并总结用于回转式钢筋结构设计的方法，本章主要结论如下：

(1) 提出了回转式钢筋锚固模型和拉压杆模型计算回转式钢筋接缝的抗拉承载力。对侧回转式钢筋之间不形成"重合区"时采用锚固模型，对侧回转式钢筋之间形成"重合区"时采用拉压杆模型。

①对于锚固模型，单个回转式钢筋的承载能力与"等效高度"的 5/3 次方与抗压强度平方根的乘积成正比，比例系数为 6.57，还应计入混凝土厚度和相邻回转式钢筋间距对承载力的折减系数。

②对于拉压杆模型，按受力特点分为内部回转式钢筋和最外侧回转式钢筋两部分进行计算。拉压杆模型中压杆承载力的计算比较复杂，其承载力取决于压杆面积和等效强度两个因素，压杆的面积由混凝土锥体的扩散角、重合长度、相邻回转式钢筋间距和试件厚度决定，压杆的等效强度为混凝土抗压强度与横向钢筋影响系数的乘积，认为横向钢筋作为抗裂钢筋，横向钢筋影响系数与其垂直于压杆轴向的抗拉承载力和压杆劈裂力的比值有关，影响系数的变化为 0.3~0.7。

(2) 提出了回转式钢筋接缝抗弯承载力的计算方法，可以通过回转式钢筋抗力承载力计算方法，结合梁截面受弯理论求得接缝的抗弯承载力。对于桥面板结构，极限状态下，受压区混凝土位于回转式钢筋外侧，回转式钢筋全部位于受拉区，拉压区合力形成力矩抵抗截面的弯矩作用，回转式钢筋的拉力为接缝承受轴拉荷载时的抗拉承载力乘以折减系数，通过折减系数考虑弯矩作用下上下层回转式钢筋拉力的分布不均匀。

(3) 提出了回转式钢筋接缝受拉及受弯的设计方法，包括合理的破坏状态、计算方法和构造要求。

①合理破坏状态。将回转式钢筋接缝承受轴拉荷载和纯弯荷载是的受拉区统称为接缝的受拉区域，受拉区域的失效总体上可以分为回转式钢筋受拉失效和接缝内部破坏两种形式。接缝内部破坏有两种形式，一种是对侧混凝土之间不形成"重合区"，该破坏形式为脆性破坏，在设计中应通过构造予以避免。当对侧混凝土之间形成"重合区"，该破坏形式具有明显的延性。

②计算方法。对承受轴拉荷载作用下的回转式钢筋接缝进行结构设计，以回转式钢筋屈服荷载作为设计荷载，通过单侧回转式钢筋的锚固承载力计算公式，计算出不考虑对侧回转式钢筋的相互作用时回转式钢筋的最小锚固长度 l_a。在 $\scot\varphi < H \leqslant l_a$ 范围内，采用拉压杆模型进行设计计算。当 $H > l_a$ 时，对侧相邻回转式钢筋之间的重合长度超出了回转式钢筋屈服所

需的锚固长度,按 $H=l_a$ 进行计算。对承受弯矩荷载作用下的回转式钢筋接缝进行结构设计,以回转式钢筋通长的截面抗弯承载力作为设计荷载,通过回转式钢筋接缝抗弯承载力计算公式求得受拉区的设计荷载,然后回转式钢筋接缝受拉进行设计。

③构造要求。对于重合长度,当 $H<l_a$ 时,重合长度应大于 $s\cot\varphi$,以避免脆性破坏。横向钢筋影响显著,应保证横向钢筋的有效锚固,并满足构造配筋要求。回转式钢筋弯曲内径应考虑钢筋弯曲后不至于开裂以及防止钢筋弯曲内侧的混凝土被压碎。为保证钢筋与混凝土之间的有效黏结,应该保证钢筋间距和混凝土保护层厚度满足要求。

参 考 文 献

[1] 张曙.工业4.0和智能制造[J].机械设计与制造工程,2014(8):1-5.
[2] 沈祖炎,李元齐.建筑工业化建造的本质和内涵[J].建筑钢结构进展,2015,17(5):1-4.
[3] 刘毅.基于产业链视角的徐州JC桥梁工业化有限公司发展战略研究[D].北京:中国矿业大学,2021.
[4] 来猛刚,杨敏,翟敏刚,等.桥梁工业化智能建造[J].公路,2021(7),195-202.
[5] 何旭辉,马广.预应力混凝土箱梁短线法节段预制线形控制[J].桥梁建设,2009(5),64-67.
[6] 周建林.苏通大桥75m跨预应力混凝土连续梁短线匹配预制和悬拼技术[J].现代交通技术,2007,4(4):64-67.
[7] 王凯,胡可,段海澎.芜湖长江公路二桥引桥段上部结构设计与施工[J].公路交通技术,2017,33(3):47-51.
[8] 洪彩葵,张爱武,赵金鸽.乐清湾跨海大桥超高变截面节段预制箱梁施工技术[J].施工技术,2020,49(3):37-39.
[9] 张政,巫兴发.装配出来的虎门二桥[J].中国公路,2018(22),78-80.
[10] 陈安,郭文健,孙静.国际快速施工桥梁技术新进展[J].中国公路,2018(22),78-80.
[11] 闫明吉,殷天军,卞蜀陵,等.上海长江大桥工程墩柱分节预制安装施工技[J].中国港湾建设,2010(3):39-44.
[12] 陆斌,姚龙,杨志君.东海大桥海上中高墩分节预制海上拼装施工[J].中国市政工程,2006(3):34-35.
[13] 王少峰,杨志君,朱海荣.东海大桥预制墩柱海上架设施工[J].城市道桥与防洪,2004(6):92-94.
[14] 臧平生,张勇,叶勇军.杭州湾跨海大桥墩身预制施工技术[J].交通工程建设,2008(1):7-15.
[15] 王莉莉.钢—混组合桥梁预制桥面板湿接缝构造及传力研究[D].西安:长安大学,2017.
[16] 中华人民共和国交通运输部.公路钢筋混凝土及预应力混凝土桥涵设计规范:JTG 3362—2018[S].北京:人民交通出版社股份有限公司,2018.
[17] 中华人民共和国住房和城乡建设部.钢筋锚固板应用技术规程:JGJ 256—2011[S].北京:中国建筑工业出版社,2012.
[18] BSI. DD ENV 1992-1-3. Eurocode 2:Design of Concrete Structures Part 1.3:General Rules—Precast Concrete Elements and Structures[S]. UK:British StandardsInstitution, 1996.
[19] CEB. CEB-FIP Model Code 1990[S]. Comité Euro-International Du Béton. London:Thomas Telford Services Ltd, 1993.
[20] BSI. BS8110:1997, Structural Use of Concrete. Part I:Code of Practice for Design and Construction[S]. UK:British Standards Institution, 1997.
[21] Singapore Productivity and Standards Board. Code of Practice for Precast Concrete Slab and Wall Panels[S]. Singapore Standard:CP81:1999. 1 Science Park Drive, Singapore 118221.

[22] 张树君.装配式木结构建筑——国家建筑标准设计图集14J924《木结构建筑》介绍[J].建设科技,2015,(3):22-4.

[23] Lewis S. Experimental Investigation of Precast Bridge Deck Joints with U-bar and Headed Bar Joint Details[J]. Journal of Structural Engineering, 2009.

[24] Ma Z J, Lewis S, Cao Q, et al. Transverse Joint Details with Tight Bend Diameter U-bars for Accelerated Bridge Construction[J]. Journal of Structural Engineering, 2012, 138(6): 697-707.

[25] Zhu P, Ma Z J, Cao Q, et al. Fatigue Evaluation of Transverse U-bar Joint Details for Accelerated Bridge Construction[J]. Journal of Bridge Engineering, 2012, 17(2): 191-200.

[26] Joergensen H B, Hoang L C. Tests and Limit Analysis of Loop Connections Between Precast Concrete Elements Loaded in Tension[J]. Engineering Structures, 2013, 52: 558-69.

[27] Villalba-Herrero S, Casas J R. New Structural Joint by Rebar Looping Applied to Staged Box Girder Bridge Construction Static Tests[J]. Structural Concrete, 2016, 17(5): 824-35.

[28] Jørgensen H B. Strength of Loop Connections Between Precast Concrete Elements: Part I: Ubar Connections Loaded in Combined Tension and Bending: Part II: Wire Loop Connections Loaded in Shear: PhD Thesis[M]. Department of Technology and Innovation, University of Southern Denmark, 2014.

[29] 中华人民共和国交通运输部.公路桥涵设计通用规范:JTG D60—2015[S].北京:人民交通出版社股份有限公司,2015.

[30] 中华人民共和国国家质量监督检验检疫总局,中国国家标准化管理委员会.钢筋混凝土用钢 第2部分:热轧带肋钢筋:GB 1499.2—2018[S].北京:中国标准出版社,2018.

[31] 中华人民共和国住房和城乡建设部.混凝土结构工程施工质量验收规范:GB 50204—2015[S].北京:中国建筑工业出版社,2014.

[32] 中华人民共和国住房和城乡建设部.混凝土结构设计标准:GB/T 50010—2010[S].北京:中国建筑工业出版社,2010.

[33] 中华人民共和国住房和城乡建设部.补偿收缩混凝土应用技术规程:JGJ/T 178—2009[S].北京:中国建筑工业出版社,2009.

[34] Contents, T. O. ACI 318-05 Building Code Requirements for Structural Concrete[J]. Concrete Construction,2005(9), 16-17.